FICHES BAC

Tle

NOUVEAU BAC

W0327933

Physique Chimie

SPÉCIALITÉ

Nathalie Benguigui
Professeur agrégée de physique-chimie

Patrice Brossard
Professeur agrégé de physique-chimie

Joël Carrasco
Professeur certifié de physique-chimie

Gaëlle Cormerais
Professeur certifiée de physique-chimie

Éric Langlois
Professeur agrégé de physique-chimie

Jacques Royer
IA-IPR de physique-chimie

Hatier

SOMMAIRE

Quand vous avez révisé une fiche, cochez la case ❒ correspondante !

Matière

Énergie

L'énergie : conversions et transferts

Ondes et signaux

Caractérisation des phénomènes ondulatoires

Lunette astronomique. Flux de photons

Dynamique d'un système électrique

Maquette de principe : Frédéric Jély
Mise en pages et schémas : STDI
Édition : Julie Drappier, Damien Lagarde

ISBN 978-2-401-06431-7

Réaction acide-base

1

☐ OK

I Acide et base de Brönsted

- Un **acide** est une espèce chimique susceptible de céder un ou plusieurs ions hydrogène H^+ ou protons. Une **base** est une espèce chimique susceptible de capter un ou plusieurs ions hydrogène H^+.

- La **base conjuguée** d'un acide de Brönsted est l'entité formée une fois que l'acide a cédé un ion H^+. L'**acide conjugué** d'une base de Brönsted est l'entité formée après que la base a accepté un ion H^+.

À noter

L'ion hydrogène H^+ n'est constitué que d'un seul proton (l'atome H ayant perdu son seul électron). C'est pourquoi il est souvent appelé proton.

- Un **couple acide-base** est constitué d'un acide et d'une base **conjugués**, qui s'obtiennent l'un à partir de l'autre par échange (gain ou perte) d'un ion H^+ selon la demi-équation :

$$\text{Acide} \rightleftarrows \text{Base} + H^+$$

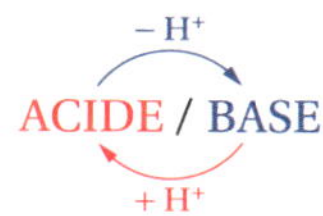

II Établir l'équation de la réaction entre un acide et une base

Une **réaction acide-base** met en jeu deux couples acide-base. L'acide d'un couple échange un ion H^+ avec la base conjuguée d'un autre couple selon les équations suivantes :

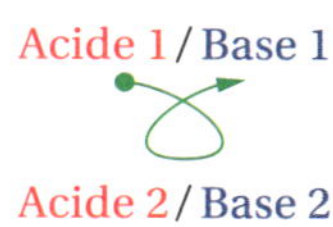

(1) L'acide 1 cède un proton H^+ : $\text{Acide 1} \rightleftarrows \text{Base 1} + H^+$

(2) La base 2 capte un proton H^+ : $\text{Base 2} + H^+ \rightleftarrows \text{Acide 2}$

(1) + (2) Bilan : $\text{Acide 1} + \text{Base 2} \rightleftarrows \text{Base 1} + \text{Acide 2}$

Exemple :

Acide 1 — Perte de H⁺ — Base 1

$$CH_3\text{-}CO_2H_{(aq)} + H_2O_{(\ell)} \rightleftarrows CH_3\text{-}COO^-_{(aq)} + H_3O^+_{(aq)}$$

Base 2 — Gain de H+ — Acide 2

Les deux couples mis en jeu sont : $CH_3COOH_{(aq)}/CH_3COO^-_{(aq)}$ et $H_3O^+_{(aq)}/H_2O_{(\ell)}$.

Méthode

Interpréter une réaction acide-base

L'aniline réagit avec l'eau selon la réaction d'équation :

$$C_6H_5NH_{2(aq)} + H_2O_{(\ell)} \rightleftarrows C_6H_5NH_{3(aq)}^+ + HO_{(aq)}^-.$$

a. L'aniline est-elle un acide ou une base ? Quel est le rôle de l'eau ?

b. Montrer que cette réaction s'interprète comme un transfert de proton entre deux espèces.

Conseils

À partir de la définition d'un acide et d'une base de Brönsted, identifiez les deux couples acide-base intervenant dans la réaction étudiée.

SOLUTION

a. • Rôle de l'aniline : $C_6H_5NH_2 + H_2O \rightleftarrows C_6H_5NH_3^+ + HO^-$

Gain de H+

$C_6H_5NH_{2(aq)}$ gagne un proton et donne $C_6H_5NH_{3(aq)}^+$.
Une espèce capable de capter un proton est une base de Brönsted.
L'aniline est donc une base : $C_6H_5NH_2 + H^+ \rightleftarrows C_6H_5NH_3^+$

• Rôle de l'eau : $C_6H_5NH_2 + H_2O \rightleftarrows C_6H_5NH_3^+ + HO^-$

Perte de H+

H_2O perd un proton et donne l'ion hydroxyde HO^-. Une espèce capable de céder un proton est un acide. Ici, l'eau a un rôle d'acide : $H_2O \rightleftarrows H^+ + HO^-$

b. La réaction met en jeu deux couples acide-base dont l'acide d'un couple réagit avec la base du second par transfert de proton.

• Couple $H_2O_{(\ell)}/HO_{(aq)}^-$
H_2O cède un proton : $H_2O \rightleftarrows H^+ + HO^-$

• Couple $C_6H_5NH_{3(aq)}^+/C_6H_5NH_{2(aq)}$
L'alanine capte H^+ : $C_6H_5NH_2 + H^+ \rightleftarrows C_6H_5NH_3^+$

Bilan :

$$C_6H_5NH_2 + H^+ + H_2O \rightleftarrows C_6H_5NH_3^+ + H^+ + HO^-$$
$$C_6H_5NH_{2(aq)} + H_2O_{(\ell)} \rightleftarrows C_6H_5NH_{3(aq)}^+ + HO_{(aq)}^-$$

Au cours de cette réaction, l'eau cède un proton et donne sa base conjuguée l'ion hydroxyde, tandis que la base aniline capte ce proton et donne son acide conjugué.

Exemples de couples acide-base

2

☐ OK

I Les couples de l'eau

- H_3O^+/H_2O : l'ion oxonium H_3O^+ est un acide, il est capable de céder un ion H^+ et de donner sa base conjuguée, l'eau H_2O :

$$H_3O^+ \rightleftarrows H_2O + H^+.$$

- H_2O/HO^- : H_2O est un acide, il est capable de céder un ion H^+ et de donner sa base conjuguée, l'ion hydroxyde HO^- :

$$H_2O \rightleftarrows HO^- + H^+.$$

Mot clé

L'eau H_2O est une espèce **amphotère** car elle peut jouer le rôle d'un acide ou d'une base.

II D'autres couples acide-base

- Un acide carboxylique RCOOH possède un groupe carboxyle où la liaison OH est polarisée. Cette liaison se rompt : l'oxygène, plus électronégatif, récupère le doublet liant et un proton est cédé. L'anion résultant est appelé ion carboxylate.

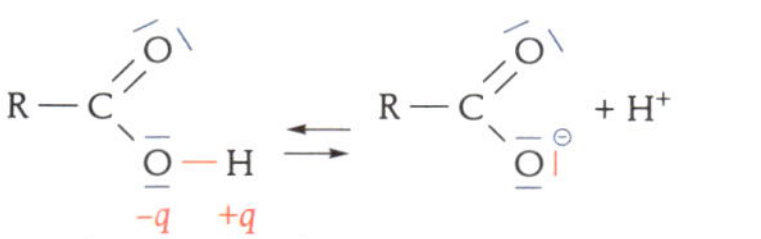

liaison polarisée

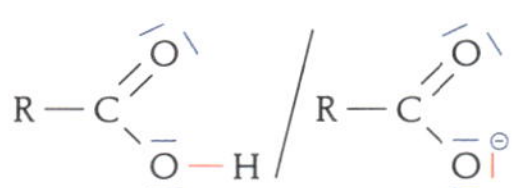

Couple HA/A⁻

Acide carboxylique Ion carboxylate Proton

- La base ammoniac NH_3 est une entité capable d'accepter un proton grâce au doublet non liant de l'atome d'azote. L'azote est de ce fait déficitaire d'un électron d'où sa charge positive.

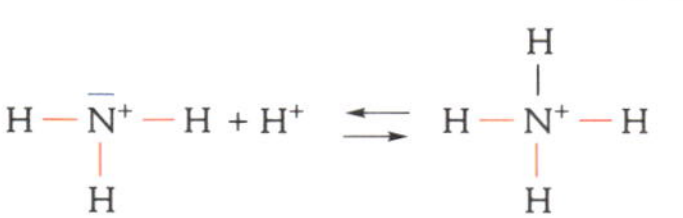

Ammoniac Proton Ion ammonium

NH_4^+/NH_3

Couple acide-base

Les amines $R\text{–}NH_2$ ▶ FICHE 33 comme l'ammoniac sont des bases et leurs acides conjugués sont des ions alkylammonium.

- L'acide carbonique H_2CO_3 peut céder deux protons, c'est un diacide : H_2CO_3/HCO_3^- et HCO_3^-/CO_3^{2-}.

L'ion HCO_3^- est une espèce amphotère.

Méthode

Identifier des couples acide-base et une espèce amphotère

1. Identifier dans chacune des équations ci-dessous les deux couples acide-base mis en jeu. Préciser quelles sont l'espèce acide et l'espèce basique dans chaque couple.

a. $HCOOH_{(aq)} + H_2O_{(\ell)} \rightleftarrows HCOO^-_{(aq)} + H_3O^+$

b. $H_2SO_{3(aq)} + C_2H_5NH_{2(aq)} \rightleftarrows C_2H_5NH^+_{3(aq)} + HSO^-_{3(aq)}$

c. $HSO^-_{3(aq)} + HO^-_{(aq)} \rightarrow SO^{2-}_{3(aq)} + H_2O_{(\ell)}$

2. L'espèce HSO_3^- est-elle une espèce amphotère ? Justifier.

Conseils

1. Pour chaque équation, identifiez l'espèce qui capte un proton (base) et celle qui en cède (acide). On écrit le couple en commençant par l'acide.

SOLUTION

1. a. • HCOOH cède un proton et donne sa base conjuguée $HCOO^-$: $HCOOH \rightleftarrows H^+ + HCOO^-$. Un acide et sa base conjuguée forment un couple acide-base soit ici le couple $HCOOH_{(aq)}/HCOO^-_{(aq)}$.

• Toute réaction acido-basique met en jeu deux couples acide-base : l'acide d'un couple réagit avec la base du second. Donc H_2O est une base qui capte un proton et donne son acide conjugué H_3O^+, donc le second couple est H_3O^+/H_2O.

b. • H_2SO_3 cède un proton (c'est un acide) et donne sa base conjuguée $HSO^-_{3(aq)}$: $H_2SO_3 \rightleftarrows H^+ + HSO_3^-$.

• $C_2H_5NH_{2(aq)}$ est une base car elle réagit avec l'acide H_2SO_3 et capte un proton. Son acide conjugué est $C_2H_5NH^+_{3(aq)}$:
$C_2H_5NH_2 + H^+ \rightleftarrows C_2H_5NH_3^+$.

Les deux couples sont $H_2SO_3/HSO^-_{3(aq)}$ et $C_2H_5NH^+_{3(aq)}/C_2H_5NH_{2(aq)}$.

c. • $HSO^-_{3(aq)}$ est un acide et donne sa base conjuguée $SO_3^{2-}{}_{(aq)}$:
$HSO_3^- \rightleftarrows H^+ + SO_3^{2-}$.

• H_2O est l'acide conjugué de la base $HO^-_{(aq)}$: $HO^- + H^+ \rightleftarrows H_2O$.

Les deux couples sont $HSO^-_{3(aq)}/SO^{2-}_{3(aq)}$ et $H_2O_{(\ell)}/HO^-_{(aq)}$.

2. Dans les équations b. et c. intervient l'espèce HSO_3^-, mais dans deux couples différents. Dans la réaction b., HSO_3^- est la base du couple $H_2SO_{3(aq)}/HSO^-_{3(aq)}$ tandis que dans la réaction c., HSO_3^- est l'acide du couple $HSO^-_{3(aq)}/SO^{2-}_{3(aq)}$.

Cette espèce appartient à deux couples, donc elle peut avoir soit un rôle d'acide, soit un rôle de base : c'est la définition d'une espèce amphotère.

pH d'une solution

3

☐ OK

I Définition et mesure du pH

Le pH, abréviation de « potentiel hydrogène », est un paramètre servant à définir si un milieu est acide ou basique. Il est lié à la concentration en ions oxonium H_3O^+ :

$$pH = -\log\left(\frac{[H_3O^+]}{c^0}\right)$$

pH sans unité ;
$[H_3O^+]$ en $mol \cdot L^{-1}$;
$c^0 = 1\ mol \cdot L^{-1}$ (concentration standard).

Cette relation est équivalente à : $\frac{[H_3O^+]}{c^0} = 10^{-pH}$.

À noter

L'échelle de pH est comprise entre 0 et 14 à 25 °C. Le pH est une fonction décroissante de la concentration en H_3O^+.

- Le pH d'une solution aqueuse est mesuré à l'aide d'un pH-mètre, préalablement étalonné.
- Au lycée, on mesure un pH, au mieux, à 0,05 unité près. Une telle incertitude sur la mesure de pH correspond à une incertitude relative élevée ; en conséquence toute concentration déduite d'une mesure de pH devra être exprimée avec, au maximum, deux chiffres significatifs.

III Solution neutre, acide ou basique

- À 25 °C, le pH de l'eau pure est égal à 7,0 soit :
$[H_3O^+] = 1{,}0 \times 10^{-7}\ mol \cdot L^{-1}$. La présence d'ions H_3O^+ résulte de l'ionisation de quelques molécules d'eau par transfert d'un proton ; c'est l'autoprotolyse de l'eau :

$$2\ H_2O \rightleftarrows H_3O^+ + HO^-.$$

- Une solution aqueuse est neutre si elle contient autant d'ions H_3O^+ que l'eau pure à 25 °C, acide si elle en contient plus ou basique si elle en contient moins.

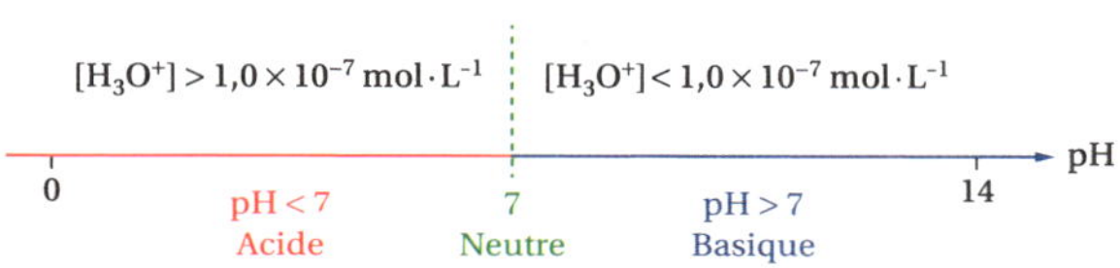

Méthodes

1 Identifier une solution acide, neutre ou basique

On dispose d'une solution diluée de vinaigre blanc de concentration en ions oxonium $[H_3O^+] = 5{,}0 \times 10^{-3}$ mol · L^{-1} et d'une solution d'eau de javel de pH = 10,9 à 25 °C.

Conseils

Calculer le pH de la solution de vinaigre.

Déterminer si chacune des deux solutions est acide, neutre ou basique.

SOLUTION

$$\text{pH} = -\frac{\log([H_3O^+])}{c^0} = -\frac{\log(5{,}0 \times 10^{-3})}{1{,}0} = 2{,}3.$$

La solution diluée de vinaigre est acide (pH = 2,3 < 7) tandis que la solution diluée d'eau de javel est basique (pH = 10,9 > 7).

2 Déterminer l'incertitude sur la concentration en ion H_3O^+

Le pH d'une solution aqueuse S, mesuré avec un pH-mètre, est pH = 8,90 ± 0,05.

a. Déterminer un encadrement de la concentration en ions H_3O^+ avec 3 chiffres significatifs. À partir de cet encadrement, déterminer la valeur de l'incertitude $U([H_3O^+])$.

b. Donner, avec deux chiffres significatifs, la concentration en ions H_3O^+ sous la forme : $[H_3O^+] \pm U([H_3O^+])$.

Conseils

Attention, l'incertitude $U(G)$ ne peut être plus précise que la valeur G déterminée.

SOLUTION

a. $8{,}85 < \text{pH} < 8{,}95$ et $[H_3O^+] = c^0 \times 10^{-\text{pH}}$
d'où $1{,}12 \times 10^{-9} < [H_3O^+] < 1{,}41 \times 10^{-9}$ mol · L^{-1}.

$$U([H_3O^+]) = \frac{1{,}41 \times 10^{-9} - 1{,}12 \times 10^{-9}}{2} = 0{,}15 \times 10^{-9} \text{ mol} \cdot \text{L}^{-1}$$

et $[H_3O^+] = 1{,}0 \times 10^{-8{,}90} = 1{,}26 \times 10^{-9}$ mol · L^{-1}.

b. Donc $[H_3O^+] = (1{,}3 \pm 0{,}2) \times 10^{-9}$ mol · L^{-1}.

Concentration d'une solution

4

☐ OK

I Grandeurs caractéristiques d'une solution

- La **masse volumique** ρ d'une solution s'exprime :

$$\rho_{solution} = \frac{m_{solution}}{V_{solution}}$$

$m_{solution}$ en kg ;
$V_{solution}$ en m^3 ;
ρ en $kg \cdot m^{-3}$.

La masse volumique s'exprime souvent aussi en $g \cdot cm^{-3}$.

À noter

Au cours d'un mélange il y a conservation de la masse mais pas des volumes !

- La **densité d'une solution** d est un nombre sans unité permettant de comparer la masse d'un volume de solution à la masse du même volume d'eau.

$$d_{solution} = \frac{\rho_{solution}}{\rho_{eau}}$$

$\rho_{solution}$ et ρ_{eau} exprimées avec la même unité ;
d sans unité.

Il faut connaître : $\rho_{eau} = 1{,}0 \times 10^3\ kg \cdot m^{-3} = 1{,}0\ kg \cdot L^{-1} = 1{,}0\ g \cdot cm^{-3}$.

- Le **titre massique d'une solution** t est le rapport de la masse de soluté contenu dans un volume V de solution sur la masse de ce volume V de solution.

$$t = \frac{m_{soluté}}{m_{solution}}$$

$m_{soluté}$ et $m_{solution}$ exprimées avec la même unité ;
t sans unité.

Le titre massique s'exprime souvent en **pourcentage massique** : titre $\times$ 100.

II Déterminer la concentration en soluté

- Le **titre massique** t permet d'exprimer la masse de soluté $m_{soluté} = t \times m_{solution}$.
- La **densité** d permet de connaître la masse volumique de la solution $\rho_{solution}$.
- D'où la concentration **en masse** c en fonction de t et $\rho_{solution}$:

$$c = \frac{m_{soluté}}{V_{solution}} = \frac{t \times m_{solution}}{V_{solution}}$$ soit : $c = t \times \rho_{solution}$ en $g \cdot L^{-1}$.

- En divisant la concentration en masse c par la masse molaire M du soluté, on détermine la concentration **en quantité de matière** C en $mol \cdot L^{-1}$.

Méthode

Déterminer la concentration en soluté

On dispose d'une solution commerciale d'acide méthanoïque HCOOH dont les caractéristiques sont les suivantes :

- titre massique $t = 0,82$ (pourcentage massique = 82 %) ;
- densité $d = 1,18$;
- masse molaire $M(\text{HCOOH}) = 46\ \text{g} \cdot \text{mol}^{-1}$.

a. Vérifier que la concentration en quantité de matière de la solution commerciale en acide méthanoïque est $C = 21\ \text{mol} \cdot \text{L}^{-1}$.

b. En déduire la concentration en masse.

Conseils

a. Exprimez littéralement les caractéristiques données (*t* et *d*). Exprimez la concentration en quantité de matière en fonction de ces grandeurs connues.

b. Multipliez la concentration en quantité de matière par la masse molaire du soluté.

SOLUTION

a. On cherche $C = \dfrac{n_{\text{acide}}}{V_{\text{solution}}}$ et la quantité de matière est :

$n_{\text{acide}} = \dfrac{m_{\text{acide}}}{M_{\text{acide}}}$ soit $C = \dfrac{m_{\text{acide}}}{M_{\text{acide}} \times V_{\text{solution}}}$.

On peut exprimer m_{acide} à partir du titre massique $t = \dfrac{m_{\text{acide}}}{m_{\text{solution}}}$.

Soit $m_{\text{acide}} = t \times m_{\text{solution}}$ et $C = \dfrac{t \times m_{solution}}{M_{acide} \times V_{solution}}$.

Le rapport $m_{\text{solution}}/V_{\text{solution}}$ n'est autre que la masse volumique de la solution. On la connaît grâce à la densité :

$d = \dfrac{\rho_{\text{solution}}}{\rho_{\text{eau}}}$ d'où $\rho_{\text{solution}} = d \times \rho_{\text{eau}}$ avec $\rho_{\text{eau}} = 1,0 \times 10^3\ \text{g} \cdot \text{L}^{-1}$.

Donc $C = \dfrac{t \times d \times \rho_{\text{eau}}}{M_{\text{acide}}}$.

Application numérique : $C = \dfrac{0,82 \times 1,18 \times 1,0 \times 10^3}{46} = 21\ \text{mol} \cdot \text{L}^{-1}$.

b. La concentration en masse est :

$c = \dfrac{m_{\text{acide}}}{V_{\text{solution}}} = \dfrac{n_{\text{acide}} \times M_{\text{acide}}}{V_{\text{solution}}} = C \times M_{\text{acide}}$.

Application numérique : $c = 21 \times 46 = 9,7 \times 10^2\ \text{g} \cdot \text{L}^{-1}$.

Le résultat doit être donné avec deux chiffres significatifs.

Quiz EXPRESS 5

Avez-vous bien révisé les fiches 1 à 4 ? On vérifie !

1 Réaction acide-base

▶ FICHES 1 ET 2

Soit la réaction acide-base : $CH_3NH_2 + H_2O \rightleftarrows CH_3NH_3^+ + HO^-$

Parmi les affirmations suivantes, lesquelles sont vraies ?

- ☐ **a.** CH_3NH_2 capte un proton, c'est une base.
- ☐ **b.** L'eau a ici un rôle de base.
- ☐ **c.** $CH_3NH_3^+$ est la base conjuguée de CH_3NH_2.
- ☐ **d.** HO^- est la base conjuguée de H_2O.

2 pH et couple acide-base

▶ FICHES 2 ET 3

1. Parmi les affirmations suivantes, lesquelles sont vraies ?

- ☐ **a.** $pH = \log[H_3O^+]$.
- ☐ **b.** Si $pH = 4{,}2$ alors $[H_3O^+] = 6{,}3 \times 10^{-4}\ mol \cdot L^{-1}$.
- ☐ **c.** Plus une solution est basique, plus le pH est grand et plus sa concentration en ions oxonium est faible.

2. On dissout de l'éthanoate de sodium CH_3COONa dans de l'eau pure afin d'obtenir une solution de 100 mL. Le pH est 7,8.

Équation de dissolution : $CH_3COONa_{(s)} \rightarrow CH_3COO^-_{(aq)} + Na^+_{(aq)}$.

Parmi les affirmations suivantes, lesquelles sont vraies ?

- ☐ **a.** $[H_3O^+] < 10^{-7}\ mol \cdot L^{-1}$: c'est une solution basique.
- ☐ **b.** L'ion éthanoate est un acide.
- ☐ **c.** CH_3COOH est la base conjuguée de l'ion CH_3COO^-.
- ☐ **d.** $[H_3O^+] = 1{,}6 \times 10^{8}\ mol \cdot L^{-1}$.

3 Concentration d'une solution

▶ FICHE 4

Le titre massique d'une solution est égal à :

- ☐ **a.** $t = \dfrac{m_{soluté}}{V_{solution}}$
- ☐ **b.** $t = \dfrac{m_{soluté}}{m_{solution}}$
- ☐ **c.** $t = \dfrac{V_{soluté}}{m_{solution}}$
- ☐ **d.** $t = \dfrac{c\,(g \cdot L^{-1})}{\rho_{solution}}$

CORRIGÉS

1 Réaction acide-base

Réponses a. et d. L'affirmation **b** est fausse car il s'agit d'une réaction par transfert de proton entre l'acide H_2O et la base CH_3NH_2.

L'affirmation **c** est fausse car on a $CH_3NH_3^+ \rightleftarrows CH_3NH_2 + H^+$ donc $CH_3NH_3^+$ est l'acide conjugué de CH_3NH_2.

2 pH et couple acide-base

1. **Réponse c.** L'affirmation **a** est fausse car $pH = -\log\left(\frac{[H_3O^+]}{c^0}\right)$.

L'affirmation **b** est fausse car si pH = 4,2 alors :

$[H_3O^+] = C^0 \times 10^{-pH} = 10^{-4,2} = 6,3 \times 10^{-5}$ mol · L^{-1}.

2. **Réponse a.** Le pH de cette solution est 7,8. Or, pour une solution basique, pH > 7 et donc $[H_3O^+] < 10^{-7}$ mol · L^{-1}.

L'affirmation **b** est fausse car l'ion éthanoate est capable de capter un ion H^+ : $CH_3COO^- + H^+ \rightleftarrows CH_3COOH$ donc c'est une base.

L'affirmation **c** est fausse car CH_3COOH est l'acide conjugué de l'ion CH_3COO^-.

L'affirmation **d** est fausse car :

$[H_3O^+] = c^0 \times 10^{-pH} = 10^{-7,8} = 1,6 \times 10^{-8}$ mol · L^{-1}.

3 Concentration d'une solution

Réponses b et d. Le titre massique d'une solution est égal à :

$$t = \frac{m_{\text{soluté}}}{m_{\text{solution}}} = \frac{m_{\text{soluté}} \times V_{\text{solution}}}{V_{\text{solution}} \times m_{\text{solution}}} = \frac{m_{\text{soluté}}}{\rho_{\text{solution}} \times V_{\text{solution}}} = \frac{c\,(\text{g} \cdot \text{L}^{-1})}{\rho_{\text{solution}}}.$$

Rappel

- **Masse volumique :** $\rho_{\text{solution}} = \frac{m_{\text{solution}}}{V_{\text{solution}}}$
- **Densité :** $d_{\text{solution}} = \frac{\rho_{\text{solution}}}{\rho_{\text{eau}}}$

Mesure d'une grandeur physique

6

☐ OK

I Mesure de la pression

- Si la transformation chimique fait intervenir un gaz, on mesure la **pression**, proportionnelle au nombre de moles de gaz, à température T et volume V fixés.
- **Loi des gaz parfaits** : $PV = n\mathrm{R}T$ ou $n = \dfrac{V}{\mathrm{R}T}P$

avec P pression du gaz (Pa), V volume occupé par ce gaz (m^3), n quantité de matière du gaz (mol), $\mathrm{R} = 8{,}31\ \mathrm{J \cdot K^{-1} \cdot mol^{-1}}$ constante des gaz parfaits et T température en kelvins (K) ($T(\mathrm{K}) = \theta(°\mathrm{C}) + 273{,}15$). ▶ FICHE 52

- Les **gaz réels** se comportent comme des gaz parfaits à faible pression.

À noter

Le volume molaire d'un gaz, ou loi d'Avogadro-Ampère, et la loi de Mariotte $PV = \text{cste}$ à T et n constants ont été abordés en 1re.

II Conductimétrie

- La **conductimétrie** est l'étude des solutions ioniques conductrices du courant électrique. On mesure la conductance $G = \dfrac{1}{R} = \dfrac{I}{U}$ d'une solution contenant des ions. Le conductimètre affiche directement la conductivité σ :

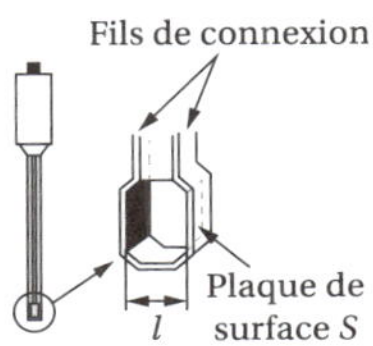

$$\sigma = \frac{l}{S}G$$ σ en $\mathrm{S \cdot m^{-1}}$; G en siemens (S) ; l en m ; S en $\mathrm{m^2}$.

- D'après la **loi de Kohlrausch**, la conductivité d'une solution diluée d'une espèce ionique dissoute est proportionnelle à sa concentration :

$$\sigma = k \times C$$ σ en $\mathrm{S \cdot m^{-1}}$; C en $\mathrm{mol \cdot L^{-1}}$; k en $\mathrm{S \cdot L \cdot m^{-1} \cdot mol^{-1}}$.

- Un **dosage par étalonnage** consiste à déterminer la concentration d'une espèce chimique en comparant une grandeur physique, la conductivité σ caractéristique de la solution, à la même grandeur physique mesurée pour des solutions étalons contenant l'espèce à doser.

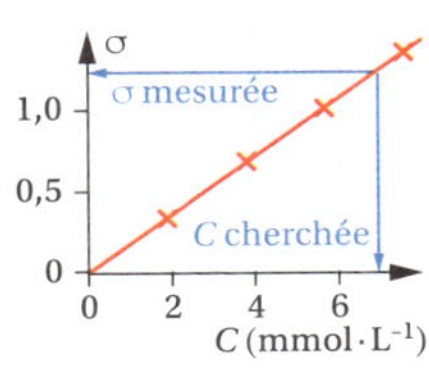

Méthode

Déterminer une quantité de matière à partir d'une mesure de pression

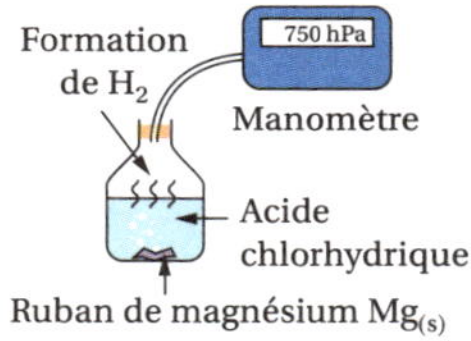

On fait réagir un ruban de magnésium avec une solution d'acide chlorhydrique dans un flacon de 130 mL hermétiquement fermé, suivant la réaction :

$Mg_{(s)} + 2H_3O^+_{(aq)} \rightarrow Mg^{2+}_{(aq)} + H_{2(g)} + 2H_2O_{(\ell)}$.

Un manomètre permet de mesurer la pression P dans le flacon au-dessus de la solution.

État initial	$P_0 = 1\,021$ hPa ; $\theta = 20{,}5$ °C. Volume de solution d'acide chlorhydrique : $V_1 = 40{,}0$ mL.
État final	$P_f = 1\,780$ hPa ; $\theta = 20{,}5$ °C.

Données : volume du flacon : 130 mL ; $R = 8{,}31\ J \cdot K^{-1} \cdot mol^{-1}$; $T(K) = \theta(°C) + 273{,}15$.

a. En utilisant l'équation des gaz parfaits, démontrer que $P_f = P_0 + P_{H_2}$.

b. Déterminer la quantité de matière de dihydrogène formée.

Conseils

b. Veillez aux unités lors de l'application numérique de l'équation des gaz parfaits. Pour le volume, on a : 1 mL = 10^{-3} L ; 1 L = 1 dm^3 = 10^{-3} m^3 ; pour la pression : 1 hPa = 10^2 Pa.

SOLUTION

a. D'après la loi des gaz parfaits $P = n\dfrac{RT}{V}$.

Dans l'état initial : $P_0 = n_0\dfrac{RT}{V}$ avec n_0 le nombre de moles d'air.

Dans l'état final, le nombre de moles de gaz est $n_f = n_0 + n_{H_2}$.

$$P_f = n_f\frac{RT}{V} = \left(n_0 + n_{H_2}\right)\frac{RT}{V} = n_0\frac{RT}{V} + n_{H_2}\frac{RT}{V} = P_0 + P_{H_2}.$$

b. La pression doit être en pascals, la température en kelvins, le volume en m^3. Le volume occupé par le gaz est

$V = V_{flacon} - V_{solution} = 130 - 40 = 90$ mL $= 90 \times 10^{-6}$ m^3.

$$P_f = P_0 + P_{H_2} \text{ d'où } P_f - P_0 = P_{H_2} = n_{H_2}\frac{RT}{V} \text{ soit } n_{H_2} = \frac{V}{RT}(P_f - P_0).$$

$$n_{H_2} = \frac{90 \times 10^{-6}}{8{,}31 \times (20{,}5 + 273{,}15)} \times (1\,780 - 1\,021) \times 10^2 = 2{,}8 \times 10^{-3} \text{ mol}.$$

Spectroscopies infrarouge et UV-visible

7

☐ OK

I La spectroscopie infrarouge

- Un spectre IR représente la transmittance T d'un échantillon en fonction du nombre d'onde du rayonnement $\sigma = \frac{1}{\lambda}$.
La valeur du nombre d'ondes σ de chaque bande d'absorption permet de reconnaître des liaisons dans la molécule et donc d'identifier des groupes caractéristiques.

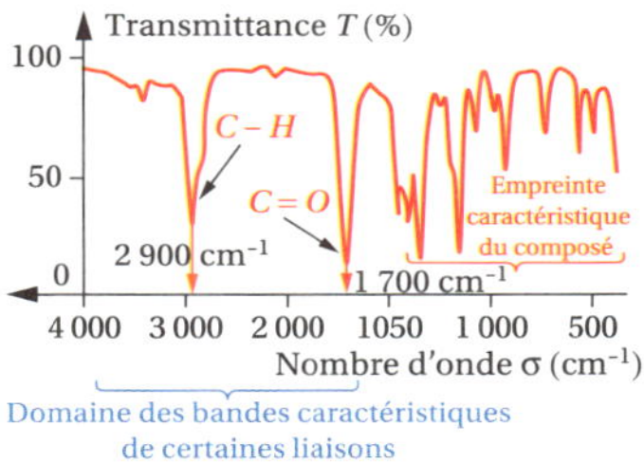

- Les bandes sont analysées selon trois critères : position (cm^{-1}), intensité (faible, moyenne, forte) et forme (large ou fine). On peut résumer ces données sans des tables IR (voir sur Internet).

> **Mot clé**
> La **transmittance** est le rapport de l'intensité I du rayonnement transmis sur l'intensité I_0 incidente.

- Un spectre permet d'identifier les groupes caractéristiques d'un composé inconnu et de suivre un processus réactionnel.

II La spectroscopie UV-visible

- Un spectre UV-visible représente l'absorbance $A = \log\left(\frac{1}{T}\right)$ d'un échantillon en fonction de la longueur d'onde λ, dans le domaine 200-400 nm pour l'UV et 400-800 nm pour le visible.

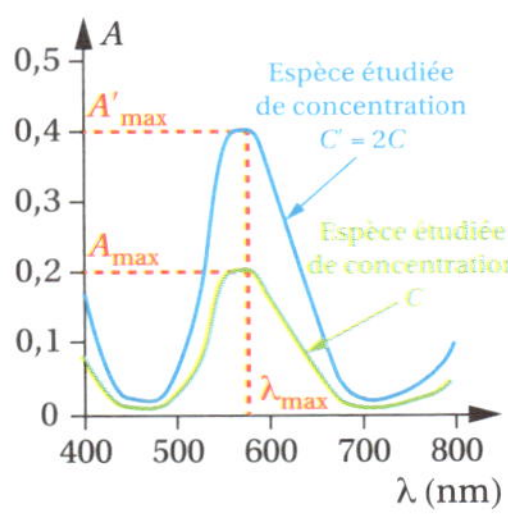

- Les coordonnées des maxima d'absorption λ_{max} et $A(\lambda_{max})$ permettent d'identifier une espèce en comparant au spectre de référence.
- D'après la loi de Beer-Lambert, pour de faibles concentrations, l'absorbance d'une espèce chimique est proportionnelle à sa concentration :

$$A = k \times C$$

A sans unité ; C en $mol \cdot L^{-1}$; k en $L \cdot mol^{-1}$.

Méthode

Identifier un groupe caractéristique à partir du spectre IR

On donne la formule topologique de 3 amides de formule brute : C_3H_7ON.

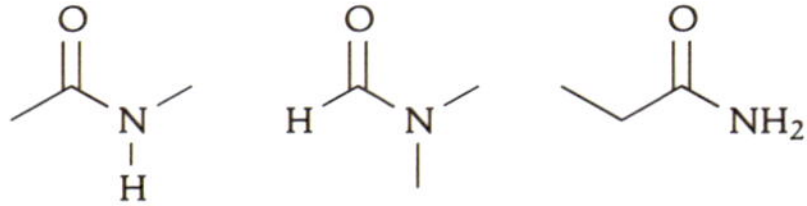

Associer ce spectre à l'une des trois molécules proposées.

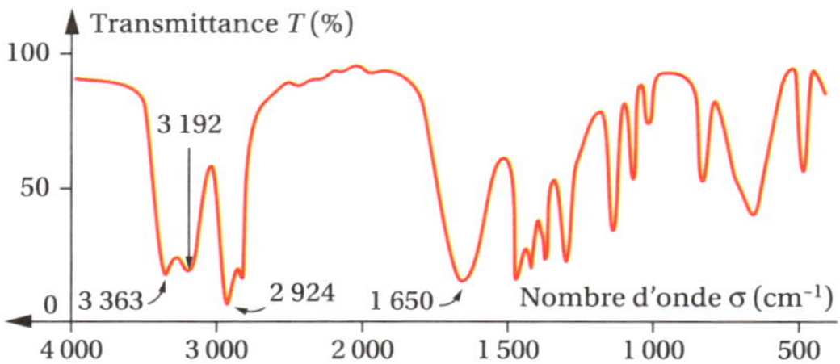

Groupement	Liaison	Nombre d'onde σ (cm^{-1})	Bandes	Intensité
amine primaire	–N–H	3 500 cm^{-1} et 3 410 cm^{-1}	2 bandes	moyenne
amine secondaire	–N–H	entre 3 500-3 300 cm^{-1}	1 bande	moyenne
amide	C=O	entre 1 650-1 700 cm^{-1}	1 bande	intense
amide non substitué	N–H	3 050 cm^{-1} et 3 500 cm^{-1}	2 bandes larges	moyenne
amide substitué	N–H	entre 3 050-3 400 cm^{-1}	1 bande large	moyenne

SOLUTION

On note la présence de deux bandes (3 363 et 3 192 cm^{-1}) caractéristiques des liaisons N–H d'un amide non substitué –CO–NH_2 comme l'amide n° 3 la propanamide. On retrouve ainsi la double bande des liaisons N–H et la bande du groupe carbonyle de nombre d'onde $\sigma = 1\,650$ cm^{-1} qui permet d'identifier le groupe caractéristique d'un amide non substitué, la propanamide.

Titrage pH-métrique

8

☐ OK

I Dispositif expérimental

La solution titrante de la burette est versée progressivement dans un volume prélevé précisément, de solution à titrer. À chaque ajout de solution titrante, **on mesure le pH** de la solution.

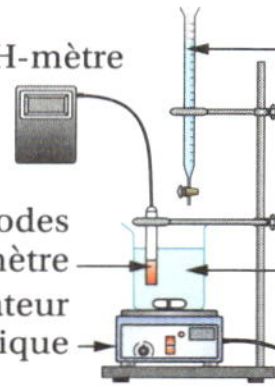

II Repérer l'équivalence du titrage

- On trace pH $= f(V)$ où V est le volume de solution titrante versé. La brusque variation de pH, ou saut de pH, permet de repérer l'**équivalence** du titrage.
- À partir du graphe pH $= f(V)$ obtenu, **deux méthodes** permettent de déterminer les coordonnées du point équivalent E avec une bonne précision.

• **Méthode des tangentes**

On trace une tangente T_1 à la courbe avant le saut de pH, puis on trace T_2, parallèle à T_1 et tangente à la courbe après le saut de pH. On construit le segment perpendiculaire à T_1 et à T_2, puis la médiatrice D de ce segment. Cette médiatrice D coupe la courbe pH $= f(V_{titrant})$ au point E d'abscisse V_E.

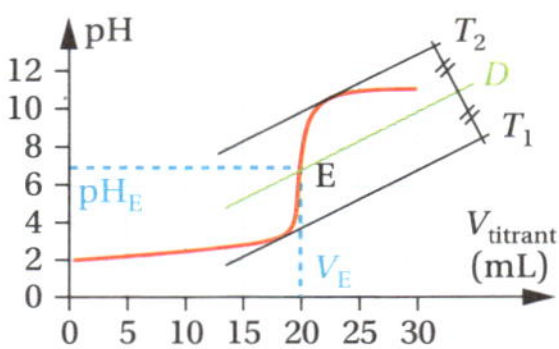

• **Méthode de la courbe dérivée**

À partir des points expérimentaux, un logiciel de traitement de données permet de tracer le graphe :

$$\frac{\mathrm{dpH}}{\mathrm{d}V_{titrant}} = f(V_{titrant}).$$

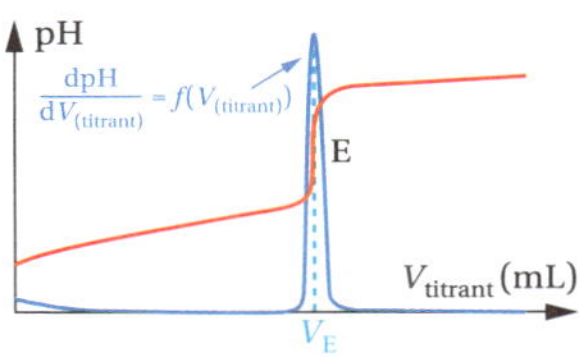

L'équivalence du titrage correspond à l'extremum de la courbe dérivée. Cet extremum repère le point d'abscisse V_E.

- À partir de la détermination de V_E, on déduit la concentration ou la quantité de matière d'espèce à titrer, sachant qu'à l'équivalence on a réalisé un **mélange stœchiométrique** du réactif titrant et du réactif titré.

Méthode

Exploiter une courbe de titrage pH-métrique

On dose un volume $V_1 = 20{,}0$ mL d'une solution d'acide éthanoïque.

On réalise un suivi pH-métrique de la solution d'acide éthanoïque par une solution d'hydroxyde de sodium de concentration $C_2 = 4{,}0 \times 10^{-2}$ mol · L^{-1}.

On obtient les courbes ci-contre.

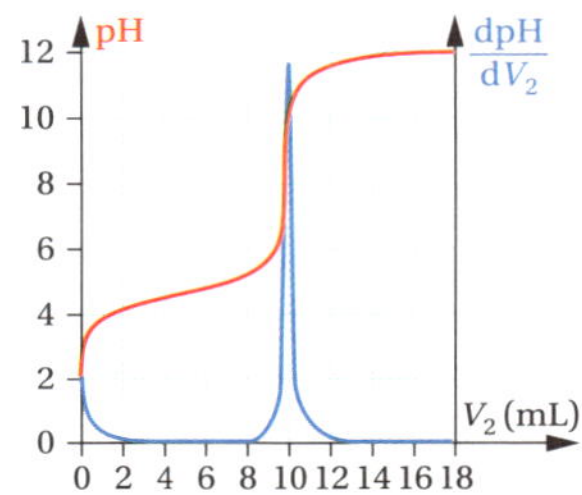

La réaction support du titrage est :

$CH_3COOH_{(aq)} + HO^-_{(aq)} \rightarrow CH_3COO^-_{(aq)} + H_2O_{(\ell)}$

a. Déterminer le volume équivalent par deux méthodes différentes.

b. Déterminer la concentration de la solution d'acide éthanoïque.

Conseils

b. Définissez l'équivalence du titrage et déduisez-en, à partir de l'équation de la réaction, la relation entre les quantités de réactifs qui ont réagi à l'équivalence.

SOLUTION

a. L'équivalence se situe dans le saut de pH. Par la méthode des tangentes on a $V_E = 10$ mL.

Par lecture de l'abscisse du maximum de la courbe dérivée $\frac{dpH}{dV_2} = f(V_2)$, on détermine la même valeur de V_E soit $V_E = 10$ mL.

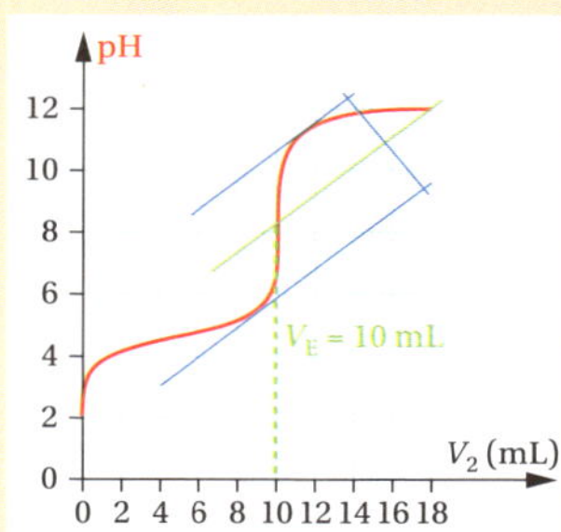

b. À l'équivalence, les deux réactifs sont totalement consommés : on a réalisé un mélange stœchiométrique du réactif titrant et du réactif titré. D'après l'équation de la réaction, les deux réactifs réagissent mol à mol : $n(CH_3COOH)_i = n(HO^-)_E$ soit $C_1 \times V_1 = C_2 \times V_E$ d'où

$$C_1 = \frac{C_2 \times V_E}{V_1} = \frac{4{,}0 \times 10^{-2} \times 10}{20} = 2{,}0 \times 10^{-2} \text{ mol} \cdot \text{L}^{-1}.$$

Titrage conductimétrique

9

☐ OK

I Conductivité d'une solution

- La conductivité d'une solution est fonction des concentrations des espèces chargées la constituant. D'après la loi de Kohlrausch (forme générale), dans une solution diluée, chaque ion se comporte comme s'il était seul. La conductivité d'un électrolyte est la somme des conductivités propres σ_i, indépendantes, de chacun de ses ions :

$$\sigma = \sum_i \sigma_i = \sum_i \lambda_i^0 [x_i]$$

σ conductivité de la solution ($S \cdot m^{-1}$) ; $[x_i]$ concentration des ions présents dans la solution ($mol \cdot m^{-3}$) ; λ_i^0 conductivité molaire des ions présents ($S \cdot m^2 \cdot mol^{-1}$).

- Conductivité molaire ionique de quelques ions :

Ion	H_3O^+	HO^-	Na^+	Cl^-
λ ($S \cdot m^2 \cdot mol^{-1}$)	34,98	19,92	5,01	7,63

II Repérer l'équivalence du titrage

- On explique l'évolution de la conductivité σ d'une solution en comparant la conductivité molaire λ_i^0 propre à chaque ion présent dans la solution avant et après l'équivalence.
- Avant l'équivalence, la conductivité σ varie au fur et à mesure de la disparition des ions titrés et de l'apparition des ions produits par la réaction et/ou des ions spectateurs ajoutés.
- Après l'équivalence, la conductivité σ varie encore, mais uniquement en raison de l'ajout des ions titrants non consommés et/ou des ions spectateurs.

- On ajoute un volume important d'eau au volume de solution à titrer, ainsi au cours du titrage $V_{\text{titrant-ajouté}} << V_{\text{solution}} = V_{\text{titré}} + V_{\text{eau}}$, la dilution due à l'ajout du titrant est alors négligeable. Ainsi, la courbe $\sigma = f(V_{\text{titrant}})$ est constituée de segments de droites dont l'intersection permet de repérer l'équivalence.

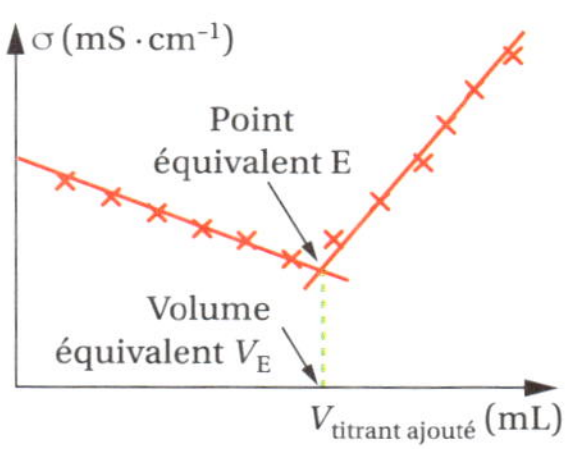

Méthode

Interpréter une courbe de titrage conductimétrique

On titre une solution d'acide chlorhydrique ($H_3O^+ + Cl^-$) par une solution d'hydroxyde de sodium ($Na^+ + HO^-$). On suit la conductivité de la solution titrée en fonction du volume V_b de solution titrante versé. La réaction support du titrage est : $H_3O^+_{(aq)} + HO^-_{(aq)} \rightarrow 2\,H_2O_{(\ell)}$.

Doc. 1. Montage

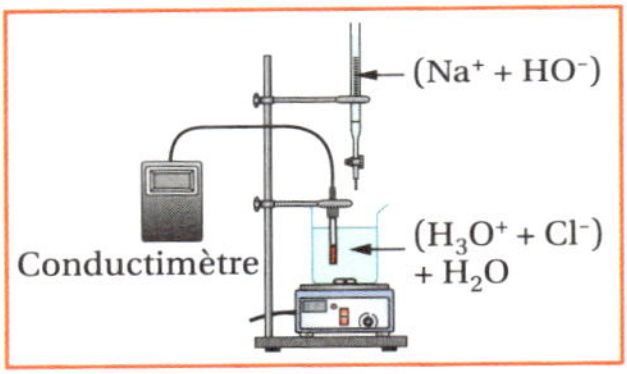

Doc. 2. Courbe obtenue

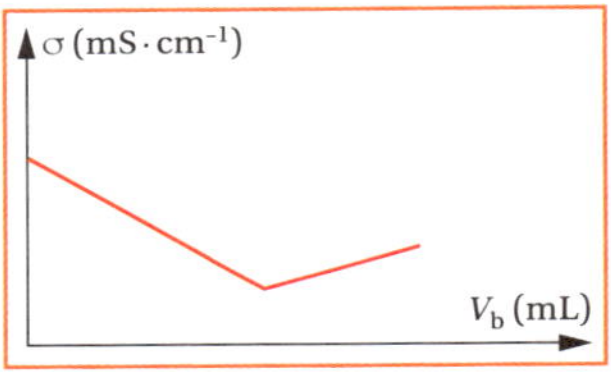

a. Justifier l'allure de la courbe obtenue (document 2).

b. Comment déterminer le volume équivalent V_E ?

Données : conductivités molaires ioniques à 25 °C :

Ion	H_3O^+	Na^+	HO^-	Cl^-
λ ($S \cdot m^2 \cdot mol^{-1}$)	34,98	5,01	19,92	7,63

Conseils

a. Faites l'inventaire de toutes les espèces ioniques et regardez comment leurs concentrations évoluent au cours du titrage (avant et après l'équivalence). Comparez la conductivité molaire ionique des ions qui apparaissent ou disparaissent pour justifier l'évolution globale de la conductivité de la solution.

SOLUTION

a. $Na^+_{(aq)}$ et $Cl^-_{(aq)}$ sont des ions spectateurs. Au début du titrage, sont présents dans la solution les ions $H_3O^+_{(aq)}$ et $Cl^-_{(aq)}$. Avant l'équivalence, le réactif titrant versé est limitant : les ions HO^- réagissent complètement avec les ions H_3O^+ alors $[H_3O^+]$ diminue et $[Na^+]$ croît. Or, $\lambda(H_3O^+) >> \lambda(Na^+)$: la conductivité du mélange décroît. Après l'équivalence, le réactif titré est limitant, les ions HO^- sont en excès, donc $[HO^-]$ et $[Na^+]$ augmentent et la conductivité croît. Ainsi à l'équivalence, la conductivité est minimale.

b. L'intersection des deux droites correspond à l'équivalence du titrage. On peut alors lire le volume équivalent V_E.

Quiz EXPRESS 10

Avez-vous bien révisé les fiches 6 à 9 ? On vérifie !

1 Mesure d'une grandeur physique

▶ FICHE 6

1. La quantité de matière d'un gaz à la pression de $1{,}1 \times 10^5$ Pa et à la température de 50 °C dans un récipient de 1 L est :

☐ **a.** 0,265 mol ☐ **b.** 0,041 mol ☐ **c.** 41 mol

2. La conductivité d'une solution suffisamment diluée :

☐ **a.** est proportionnelle à sa concentration.

☐ **b.** ne varie pas avec sa concentration.

☐ **c.** est inversement proportionnelle à sa concentration.

2 Spectroscopies infrarouge et UV-visible

▶ FICHE 7

1. Un spectre infrarouge d'une molécule permet l'identification :

☐ **a.** de la molécule. ☐ **b.** de certaines liaisons de la molécule.

☐ **c.** du groupe caractéristique présent sur la molécule.

2. On donne le spectre UV-visible d'une espèce chimique. Le domaine de longueur d'onde dans lequel absorbe cette espèce est :

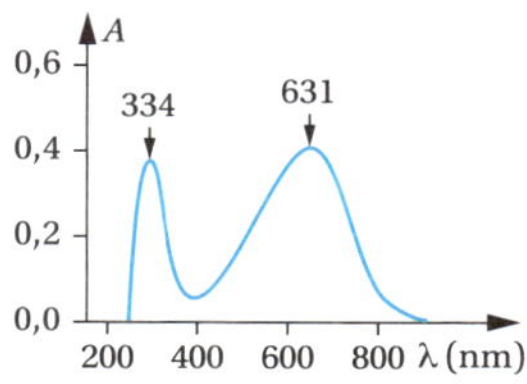

☐ **a.** le domaine UV.

☐ **b.** le domaine visible.

☐ **c.** le domaine infrarouge.

3 Titrages pH-métrique et conductimétrique

▶ FICHES 8 ET 9

1. L'équivalence d'un titrage pH-métrique est repérée grâce :

☐ **a.** à la méthode de la courbe dérivée.

☐ **b.** à la méthode des tangentes.

☐ **c.** à un changement de pente.

2. Lors d'un titrage conductimétrique, la conductivité mesurée :

☐ **a.** dépend des ions contenus dans la solution à titrer.

☐ **b.** dépend des ions qui réagissent.

CORRIGÉS

1 Mesure d'une grandeur physique

1. Réponse b. Le volume doit être exprimé en m^3 soit $V = 1\ L = 1 \times 10^{-3}\ m^3$, la température doit être exprimée en kelvins soit $T = 50 + 273 = 323\ K$ d'où en utilisant la loi des gaz parfaits : $n = \frac{PV}{RT} = \frac{1{,}1 \times 10^5 \times 10^{-3}}{8{,}31 \times 323} = 0{,}041$ mol.

2. Réponse a. Dans le cas de solutions diluées la conductivité est proportionnelle à la concentration de la solution (la loi de Kohlrausch).

2 Spectroscopies infrarouge et UV-visible

1. Réponses b et c. Un spectre infrarouge d'une molécule permet l'identification de certaines liaisons de la molécule et donc du groupe caractéristique présent sur la molécule.

2. Réponses a et b. Il y a deux maxima d'absorption : à 334 nm correspondant au domaine UV et 631 nm correspondant au domaine visible.

3 Titrages pH-métrique et conductimétrique

1. Réponses a et b. L'équivalence d'un titrage pH-métrique est repérée grâce à la méthode de la courbe dérivée qui passe par un extremum dont l'abscisse correspond au volume équivalent. Mais on peut aussi déterminer l'équivalence par la méthode graphique des tangentes.

La proposition **c** est incorrecte, car c'est l'équivalence d'un titrage conductimétrique qui est repéré par un changement de pente.

2. Réponses a et b. Lors d'un titrage conductimétrique, la conductivité mesurée dépend de tous les ions des deux solutions titrante et titrée.

Suivi de l'évolution d'une réaction chimique

11

☐ OK

I Réactions lentes ou rapides

Une réaction est rapide si elle s'achève dès la mise en présence des réactifs. Une réaction est lente si sa durée est comprise entre quelques secondes et plusieurs heures.

II Suivi d'une transformation lente

- Suivre l'évolution d'une réaction lente consiste à obtenir la courbe d'évolution au cours du temps de la quantité de matière d'un réactif ou d'un produit.

Mots clés

Un réactif est **limitant** si sa quantité de matière dans l'état final est nulle.
Dans le cas contraire, il est dit **non limitant** ou **en excès**.

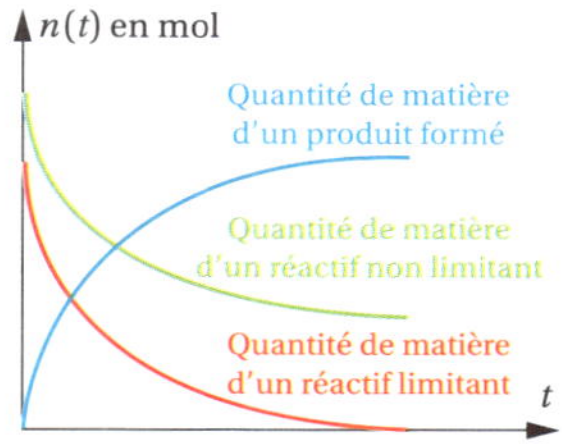

- Un capteur adapté permet de réaliser le suivi de la transformation.

Capteur	Grandeur mesurée	Calcul de la quantité de matière associée
Pressiomètre	Pression $P(t)$	Loi des gaz parfaits : $n(t) = \frac{P(t) \times V}{RT}$ n en mol ; P en Pa ; V en m^3 ; R en $J \cdot K^{-1}$; T en K
Spectrophotomètre	Absorbance $A(t)$	Loi de Beer Lambert : $n(t) = \frac{A(t) \times V}{k}$ n en mol ; A sans unité ; k en $L \cdot mol^{-1}$; V en L

- On peut aussi réaliser ce suivi en effectuant, à des intervalles réguliers de temps, des dosages d'un des réactifs ou d'un des produits de la réaction chimique.
- Le temps de demi-réaction $t_{1/2}$ est la durée au bout de laquelle la moitié du réactif limitant a disparu : sa quantité de matière a été divisée par 2.

Méthode

Choisir un capteur adapté et déterminer le temps de demi-réaction

On réalise la réaction entre une solution d'acide chlorhydrique ($H^+_{(aq)} + Cl^-_{(aq)}$) et le fer $Fe_{(s)}$. L'équation de la réaction est la suivante :

$$2\,H^+_{(aq)} + Fe_{(s)} \rightarrow H_{2(g)} + Fe^{2+}_{(aq)}.$$

Toutes les espèces chimiques sont incolores en solution aqueuse.

a. Justifier que le choix le plus approprié pour suivre la réaction est un pressiomètre.

b. Déterminer la relation entre la pression de dihydrogène H_2 formé $P_{H_2}(t)$ et la quantité de matière d'ions hydrogène H^+ consommée $n_{H^+}(t)$.

c. L'évolution de la quantité d'ions hydrogène consommée au cours du temps est donnée ci-contre. Déterminer le temps de demi-réaction.

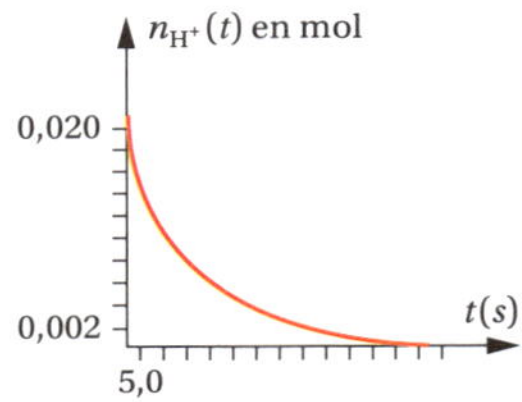

Conseils

a. Remarquez qu'il y a une espèce chimique formée qui est gazeuse.
b. Utilisez les relations de proportionnalité entre les quantités de matière des réactifs et celles des produits, puis la loi des gaz parfaits.
c. Le temps de demi-réaction se calcule à partir de l'évolution de la quantité de matière du réactif limitant.

SOLUTION

a. Le dihydrogène étant le seul gaz formé, on peut utiliser un pressiomètre pour mesurer l'augmentation de pression due à sa formation.

b. On applique la relation de stœchiométrie : $\dfrac{n_{H^+}(t)}{2} = \dfrac{n_{H_2}(t)}{1}$

Puis on applique la loi des gaz parfaits : $n_{H_2}(t) = \dfrac{P_{H_2}(t)V}{RT}$

donc $n_{H^+}(t) = 2\dfrac{P_{H_2}(t)V}{RT}$.

c. L'ion hydrogène est le réactif limitant car sa quantité de matière s'annule. Le temps de demi-réaction est tel que : $n(t_{1/2}) = 0{,}010$ mol.

On trouve graphiquement : $t_{1/2} = 10{,}0$ s.

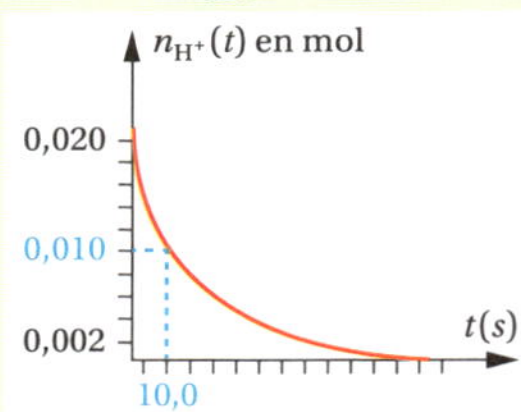

Facteurs cinétiques

12

☐ OK

I Effet de la température et de la concentration initiale des réactifs

- La **température** est un facteur cinétique : lorsque l'on augmente celle-ci, on observe généralement une augmentation de la vitesse de la réaction chimique. Le système atteint plus vite son état final et le temps de demi-réaction diminue.

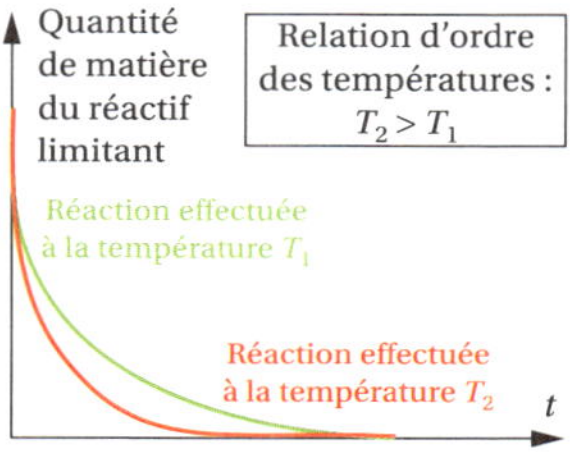

- La **concentration initiale des réactifs** est un facteur cinétique : lorsque l'on augmente celle-ci, on observe une augmentation de la vitesse de la réaction chimique. Le système atteint plus vite son état final et le temps de demi-réaction diminue.

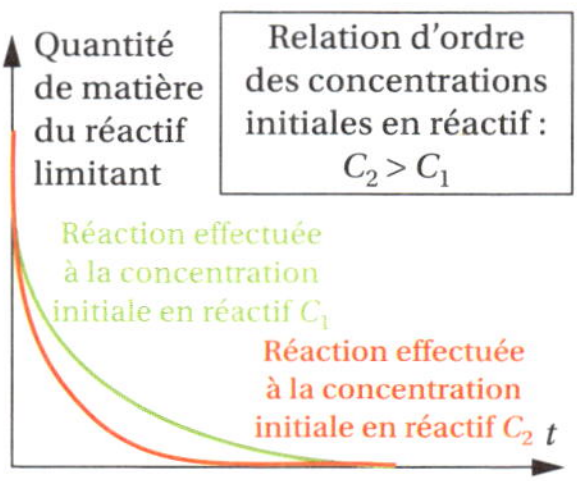

À noter

D'autres facteurs cinétiques peuvent intervenir, tels que la lumière.

II Rôle d'un catalyseur

Un **catalyseur** est une espèce chimique qui accélère une réaction chimique. Il n'est pas consommé au cours de la réaction. Il n'apparaît donc pas dans l'équation de la réaction.

Exemple : la réaction entre un alcool et un acide carboxylique produit un ester ▶ FICHE 33 et de l'eau. Elle peut être catalysée par de l'acide sulfurique.

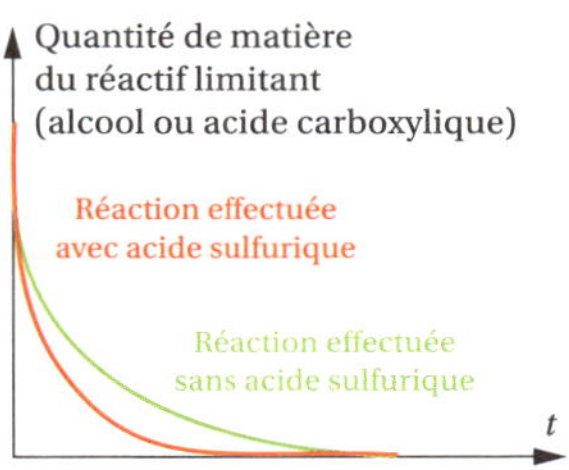

Son équation : alcool + acide carboxylique → ester + eau

La formule de l'acide sulfurique (catalyseur) n'apparaît pas dans cette équation.

Méthode

Identifier les conditions expérimentales d'une réaction à sa rapidité

On réalise la réaction entre une solution d'acide chlorhydrique ($H^+_{(aq)} + Cl^-_{(aq)}$) et le zinc $Zn_{(s)}$. L'équation de la réaction est la suivante :

$$2\,H^+_{(aq)} + Zn_{(s)} \rightarrow H_{2(g)} + Zn^{2+}_{(aq)}.$$

Les conditions expérimentales de trois réactions sont données dans le tableau ci-dessous.

Réaction 1	$T_1 = 20\ °C$	$[H^+]_0 = 0{,}20\ mol \cdot L^{-1}$
Réaction 2	$T_2 = 40\ °C$	$[H^+]_0 = 0{,}20\ mol \cdot L^{-1}$
Réaction 3	$T_3 = 20\ °C$	$[H^+]_0 = 0{,}40\ mol \cdot L^{-1}$

$[H^+]_0$ correspond à la concentration initiale en ion hydrogène H^+.

a. Déterminer quelle est la réaction la plus rapide entre la réaction 1 et la réaction 2 puis entre la réaction 1 et la réaction 3. Justifier.

b. Peut-on déterminer quelle est la réaction la plus rapide entre la réaction 2 et la réaction 3 ? Justifier.

Conseils

a. Identifiez le facteur cinétique qui a une valeur différente entre chaque réaction, l'autre étant le même.
b. Rappelez-vous l'effet de chacun des facteurs cinétiques avant de conclure.

SOLUTION

a. Les réactions 1 et 2 sont réalisées avec des concentrations initiales en ion hydrogène égales. La température où s'effectue la réaction 2 est supérieure à celle de la réaction 1, donc la réaction 2 est plus rapide que la réaction 1.
Les réactions 1 et 3 sont réalisées à des températures égales. La concentration initiale en ion hydrogène de la réaction 1 est inférieure à celle de la réaction 3, donc la réaction 3 est plus rapide que la réaction 1.

b. On ne peut pas savoir laquelle des deux réactions est la plus rapide car la température de la réaction 2 est supérieure à celle de la réaction 3 tandis que la concentration en ion hydrogène de la réaction 3 est supérieure à celle de la réaction 2.

Vitesse volumique d'une espèce chimique

13

☐ OK

I Vitesse volumique de disparition ou d'apparition

- La vitesse volumique de disparition d'un réactif $v_{\text{réactif}}$ se détermine à partir de la dérivée temporelle de la concentration molaire du réactif, notée [R] :

$$v_{\text{réactif}} = -\frac{d[R]}{dt}$$

$v_{\text{réactif}}$ en $mol \cdot L^{-1} \cdot s^{-1}$;
[R] en $mol \cdot L^{-1}$

À noter

On met un signe moins car la vitesse de disparition doit être positive.

- La vitesse volumique d'apparition d'un produit v_{produit} se détermine à partir de la dérivée temporelle de la concentration molaire du produit, notée [P] :

$$v_{\text{produit}} = \frac{d[P]}{dt}$$

v_{produit} en $mol \cdot L^{-1} \cdot s^{-1}$;
[P] en $mol \cdot L^{-1}$

- La détermination de ces vitesses peut se faire graphiquement :

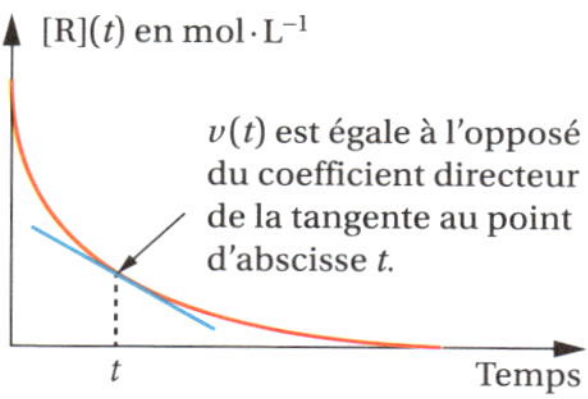

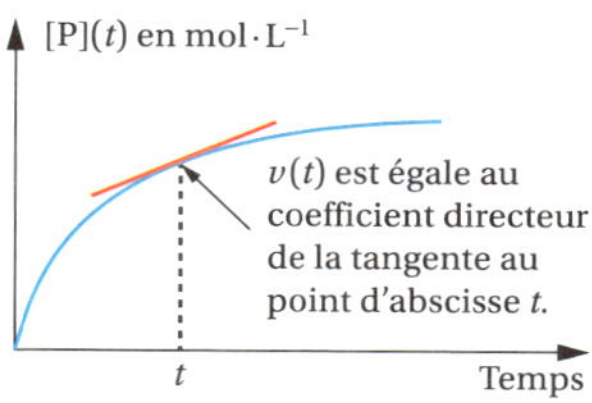

II Loi de vitesse d'ordre 1

Une réaction suit une loi de vitesse d'ordre 1 par rapport à un réactif ou à un produit si :

$$v_{\text{réactif}} = k_r \times [R]$$
$$v_{\text{produit}} = k_p \times [P]$$

$v_{\text{réactif}}$ et v_{produit} en $mol \cdot L^{-1} \cdot s^{-1}$;
k_r et k_p en s^{-1} ;
[R] et [P] en $mol \cdot L^{-1}$.

Méthode

Décrire l'évolution temporelle d'une vitesse volumique de réaction

On mesure lors d'une réaction chimique l'évolution au cours du temps de la concentration d'une espèce notée E.

La courbe est donnée ci-dessous.

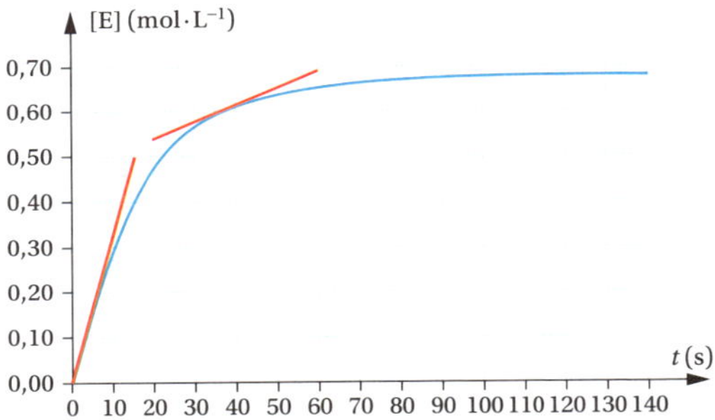

a. L'espèce chimique E est-elle un réactif ou un produit ? Justifier.

b. Calculer la vitesse volumique aux instants $t = 0$ s et $t = 40$ s.

c. Comment évolue la vitesse volumique de l'espèce E au cours du temps ?

Conseils

a. Rappelez-vous qu'un réactif est consommé tandis qu'un produit est formé.

b. Déterminez le coefficient directeur de la tangente à la courbe d'évolution.

c. Observez l'évolution du coefficient directeur de la tangente le long de la courbe.

SOLUTION

a. L'espèce chimique E est un produit car sa concentration molaire (et donc sa quantité de matière) augmente au cours du temps.

b. On calcule la vitesse volumique d'apparition de E à l'instant $t = 0$ s :

$$v(t = 0\ \text{s}) = \frac{0{,}50 - 0}{15 - 0} = 3{,}3 \times 10^{-2}\ \text{mol} \cdot \text{L}^{-1} \cdot \text{s}^{-1}.$$

On calcule la vitesse volumique d'apparition de E à l'instant $t = 40$ s :

$$v(t = 40\ \text{s}) = \frac{0{,}68 - 0{,}54}{60 - 20} = 3{,}5 \times 10^{-3}\ \text{mol} \cdot \text{L}^{-1} \cdot \text{s}^{-1}.$$

c. On observe que le coefficient directeur de la tangente à la courbe diminue le long de la courbe : la vitesse volumique d'apparition de l'espèce chimique diminue au cours du temps.

Modélisation microscopique d'une réaction

14

☐ OK

I Mécanisme réactionnel

- Un acte élémentaire est une réaction qui s'effectue en une seule étape. Cette réaction fait intervenir une ou deux molécules au maximum. On modélise le transfert des électrons par une flèche courbe : elle correspond au déplacement d'un doublet d'électrons. La flèche a comme origine là où se trouve initialement le doublet et pointe là où il va aller se placer.

Formation d'une liaison	Formation d'un doublet libre
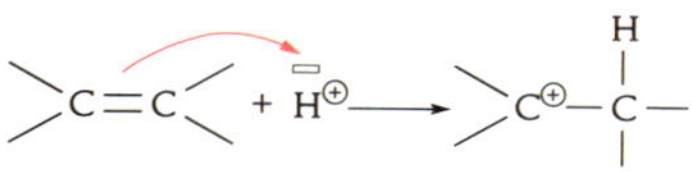	

- Le mécanisme réactionnel correspond à la succession des actes élémentaires conduisant des réactifs aux produits.
- Un intermédiaire réactionnel est une entité chimique très instable qui apparaît dans le mécanisme réactionnel. Il est produit par un acte élémentaire puis consommé dans un autre acte élémentaire : il n'apparaît pas dans l'équation de la réaction.
- Un catalyseur modifie le mécanisme réactionnel associé à une réaction chimique. Le catalyseur est consommé lors d'un acte élémentaire, puis reformé lors d'un acte élémentaire suivant. Il n'apparaît pas dans l'équation de la réaction.

II Interprétation microscopique de l'influence des facteurs cinétiques

- Un choc efficace est la rencontre entre deux molécules de réactifs qui donne lieu à un acte élémentaire. La vitesse de réaction est d'autant plus élevée que le nombre de chocs efficaces par unité de temps est grand.
- La température augmente la vitesse des entités chimiques. Le nombre de chocs efficaces par unité de temps augmente avec la température.
- Le nombre de chocs efficaces par unité de temps augmente avec la concentration initiale des réactifs car il y a plus de réactifs par unité de volume : les molécules de réactifs ont plus de chance de se rencontrer.

Méthode

Écrire une équation de réaction à partir d'un mécanisme réactionnel

On considère une réaction dont le mécanisme réactionnel est le suivant :

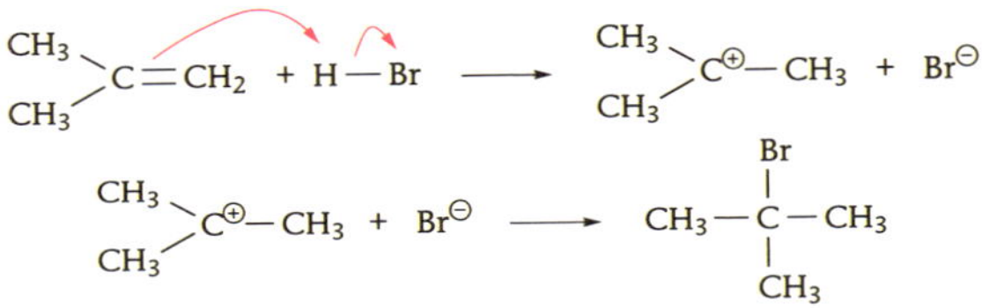

a. Identifier un intermédiaire réactionnel.

b. Ajouter dans l'étape 2 la flèche associée au transfert d'un doublet d'électrons.

c. Écrire l'équation de cette réaction chimique.

Conseils

a. Rappelez-vous qu'un intermédiaire réactionnel est une entité instable qui est souvent un carbocation.
b. Dessinez la flèche avec sa base là où se trouve le doublet électronique au départ et sa pointe là où le doublet est transféré.
c. Écrivez l'équation en enlevant toutes les entités qui apparaissent puis disparaissent au cours des actes élémentaires.

SOLUTION

a. L'intermédiaire réactionnel identifié est le carbocation :

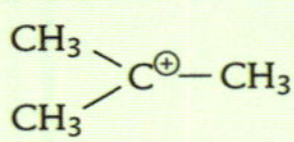

b. L'étape 2 s'écrit :

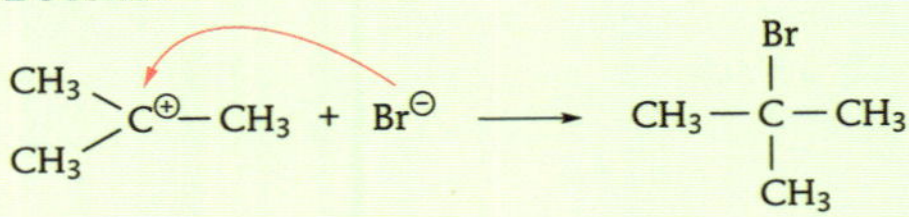

c. L'équation de la réaction s'écrit :

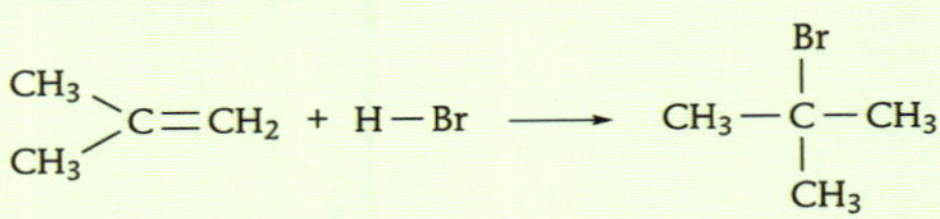

Quiz EXPRESS

Avez-vous bien révisé les fiches 11 à 14 ? On vérifie !

15

1 Suivi de l'évolution d'une réaction chimique

▶ FICHE 11

Le temps de demi-réaction est égal à la durée au bout de laquelle :

☐ **a.** la moitié de la quantité d'un produit a été formée.

☐ **b.** la moitié de la durée de la réaction s'est écoulée.

☐ **c.** la moitié de la quantité initiale du réactif limitant a été consommée.

2 Facteurs cinétiques

▶ FICHE 12

Une réaction est d'autant plus rapide que :

☐ **a.** la température du milieu réactionnel est basse.

☐ **b.** la concentration initiale des réactifs est grande.

☐ **c.** la température du milieu réactionnel est élevée.

3 Vitesse volumique d'une espèce chimique

▶ FICHE 13

1. La vitesse volumique de disparition d'un réactif R est égale à :

☐ **a.** $v_{\text{Réactif}} = -\frac{d[R]}{dt}$ ☐ **b.** $v_{\text{Réactif}} = \frac{d[R]}{dt}$ ☐ **c.** $v_{\text{Réactif}} = -\frac{[R]}{t}$

2. Une réaction suit une loi de vitesse d'ordre 1 par rapport à un réactif R si la vitesse volumique de disparition du réactif a pour expression :

☐ **a.** $v_{\text{Réactif}} = k_r \times [R]^2$ ☐ **b.** $v_{\text{Réactif}} = k_r \times [R]$

☐ **c.** $v_{\text{Réactif}} = k_r / [R]$

4 Modélisation microscopique d'une réaction

▶ FICHE 14

1. Un acte élémentaire peut mettre en jeu :

☐ **a.** 2 molécules ☐ **b.** 3 molécules ☐ **c.** 1 molécule

2. Le transfert d'un doublet électronique est modélisé par :

☐ **a.** une flèche droite. ☐ **b.** une double flèche courbe.

☐ **c.** une flèche courbe.

CORRIGÉS

1 Suivi de l'évolution d'une réaction chimique

Réponse c. Le temps de demi-réaction est la durée au bout de laquelle la moitié de la quantité initiale du réactif limitant a été consommée.

2 Facteurs cinétiques

Réponses b et c. La température et la concentration initiale des réactifs sont des facteurs cinétiques : plus leurs valeurs sont élevées et plus la réaction chimique est rapide.

À savoir

Un **catalyseur** peut aussi jouer le rôle de facteur cinétique : c'est une espèce chimique qui augmente la vitesse de réaction sans intervenir dans l'équation.

3 Vitesse volumique d'une espèce chimique

1. **Réponse a.** La vitesse est positive ce qui nécessite de mettre un moins devant la dérivée temporelle de la concentration du réactif qui est négative.

2. **Réponse b.** La réponse **b** est vraie car si une réaction suit une loi de vitesse d'ordre 1 par rapport à un réactif R alors la vitesse volumique de disparition du réactif est proportionnelle à la concentration [R] du réactif.

4 Modélisation microscopique d'une réaction

1. **Réponses a et c.** La réponse **b** est incorrecte car un acte élémentaire est une réaction s'effectuant en une seule étape et faisant intervenir deux molécules au maximum.

2. **Réponse c.** La flèche doit être courbe et simple.

Noyaux stables et instables

16

☐ OK

I Noyaux atomiques et isotopes

- Le noyau atomique, situé au cœur de l'atome et entouré de Z électrons, est un assemblage de A nucléons (N neutrons et Z protons) : $A = Z + N$. Il est symbolisé par $^A_Z X$ où X est le symbole de l'élément chimique de numéro atomique Z.

Mots clés

A est appelé **nombre de masse** ; *Z* est nommé numéro atomique ou **nombre de charges**.

- Le proton (positif) et l'électron (négatif) portent en valeur absolue la même charge électrique appelée charge élémentaire : $e = 1{,}602 \times 10^{-19}$ C (coulomb).
- Des isotopes sont des atomes d'un même élément chimique (même nombre Z de protons) qui diffèrent par leur nombre de neutrons (donc par leur masse).

Exemple : le zinc existe à l'état naturel sous forme de cinq isotopes stables. Le plus léger est le zinc 64 de symbole $^{64}_{30}Zn$ et le plus lourd le zinc 70 de symbole $^{70}_{30}Zn$.

II Diagramme (*N*, *Z*)

- La centaine d'éléments chimiques connus existent sous la forme de plus de 3 000 isotopes naturels ou artificiels. Moins de 10 % de ces isotopes ont un noyau stable, tous les autres sont radioactifs ▶ FICHE 17 c'est-à-dire instables. On parle de radio-isotopes.
- Lorsqu'on repère chaque noyau $^A_Z X$ dans un diagramme (N, Z), l'ensemble des isotopes stables constituent la vallée (ou domaine) de stabilité.
- Pour $Z < 20$, les noyaux stables sont proches de la bissectrice ($Z = N$).

Allure générale du diagramme (*N*, *Z*)

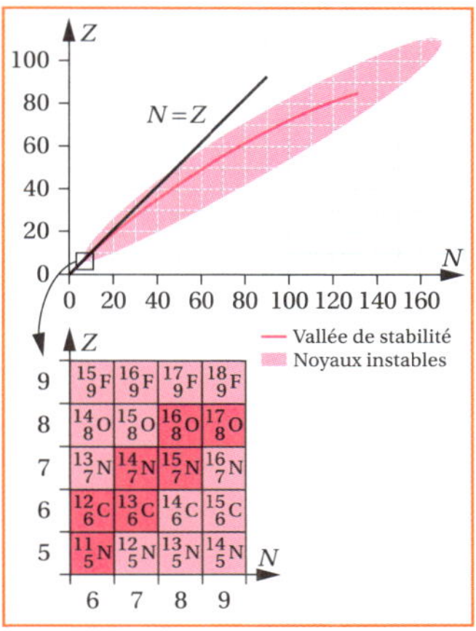

Méthode

Utiliser le diagramme (*N*, *Z*)

On donne le diagramme (*N*, *Z*) pour les 10 premiers éléments.

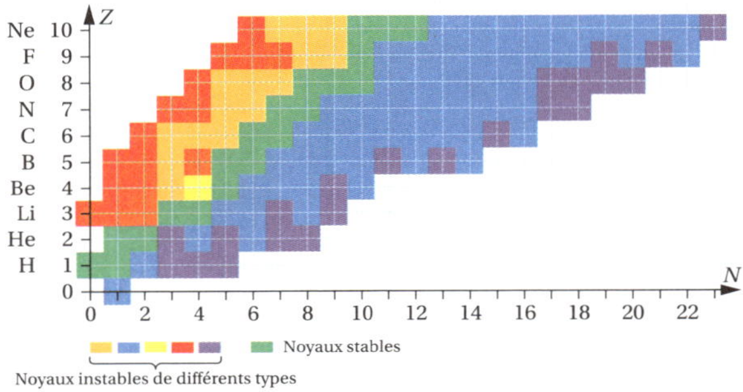

a. Dénombrer les isotopes du lithium. Identifier et symboliser ceux qui sont stables.

b. Identifier et symboliser tous les noyaux contenant deux neutrons.

c. Identifier tous les noyaux constitués de huit nucléons. Combien sont stables ?

> **Conseils**
> Chaque noyau est représenté dans le diagramme par une case d'abscisse *N* et d'ordonnée *Z*. Pour obtenir son symbole $^{A}_{Z}X$, utilisez la relation $A = Z + N$.

SOLUTION

a. Les isotopes du lithium Li sont représentés sur la ligne horizontale d'ordonnée $Z = 3$; on en compte dix. Deux sont stables (cases vertes). Ils contiennent respectivement $N = 3$ et $N = 4$ neutrons.
En utilisant la relation $A = Z + N$, on en déduit que les deux isotopes stables sont le lithium 6 ($^{6}_{3}Li$) et le lithium 7 ($^{7}_{3}Li$).

b. Les noyaux à deux neutrons sont sur la verticale d'abscisse $N = 2$.
Le premier est tel que $Z = 1$ donc $A = 3$, il s'agit de l'hydrogène trois ($^{3}_{1}H$).
Les suivants sont l'hélium 4 ($^{4}_{2}He$), le lithium 5 ($^{5}_{3}Li$), le béryllium 6 ($^{6}_{4}Be$), le bore 7 ($^{7}_{5}B$) et le carbone 8 ($^{8}_{6}C$).

> **À noter**
> L'hydrogène 3 est aussi appelé tritium.

c. On identifie les noyaux à huit nucléons ($A = Z + N = 8$) en recherchant les cases telles que la somme de l'abscisse et de l'ordonnée soit égale à 8.
Il s'agit de : $^{8}_{2}He$, $^{8}_{3}Li$, $^{8}_{4}Be$, $^{8}_{5}B$ et $^{8}_{6}C$. Aucun de ces noyaux n'est stable.

Radioactivité

17

☐ OK

I Désintégration radioactive

- La radioactivité est une transformation nucléaire qui résulte de la **désintégration spontanée d'un noyau instable** ${}^{A_1}_{Z_1}X$ (dit noyau père) engendrant un noyau fils ${}^{A_2}_{Z_2}Y$ et l'émission d'une particule ${}^{A_3}_{Z_3}Q$.
- L'**équation** modélisant une désintégration radioactive s'écrit :

$$ {}^{A_1}_{Z_1}X \rightarrow {}^{A_2}_{Z_2}Y + {}^{A_3}_{Z_3}Q $$

- La loi de conservation du **nombre de nucléons** et la loi de conservation du **nombre de charges** s'écrivent respectivement :

$$ A_1 = A_2 + A_3 \text{ et } Z_1 = Z_2 + Z_3 $$

II Les différents types de radioactivité

Radioactivité	Particule émise	Équation de désintégration	
		Expression générale	Exemple
α	noyau d'hélium ${}^{4}_{2}He$	${}^{A}_{Z}X \rightarrow {}^{A-4}_{Z-2}Y + {}^{4}_{2}He$	${}^{238}_{92}U \rightarrow {}^{234}_{90}Th + {}^{4}_{2}He$
β^-	électron ${}^{0}_{-1}e$	${}^{A}_{Z}X \rightarrow {}_{Z+1}^{A}Y + {}^{0}_{-1}e$	${}^{60}_{27}Co \rightarrow {}^{60}_{28}Ni + {}^{0}_{-1}e$
β^+	positon ${}^{0}_{1}e$	${}^{A}_{Z}X \rightarrow {}_{Z-1}^{A}Y + {}^{0}_{1}e$	${}^{80}_{35}Br \rightarrow {}^{80}_{34}Se + {}^{0}_{1}e$
γ	photon gamma ${}^{0}_{0}\gamma$	${}^{A}_{Z}Y^* \rightarrow {}^{A}_{Z}Y + {}^{0}_{0}\gamma$	${}^{80}_{34}Se^* \rightarrow {}^{80}_{34}Se + {}^{0}_{0}\gamma$

À noter

L'électron est symbolisé par ${}^{0}_{-1}e$ car ce n'est pas un nucléon ($A = 0$) ; il porte une charge élémentaire négative –e. Le positon (ou anti-électron) est symbolisé par ${}^{0}_{1}e$; il porte une charge élémentaire positive +e.

La **radioactivité** γ accompagne généralement les radioactivités α, β^- ou β^+. Si le noyau fils résultant d'une désintégration radioactive est dans un état énergétique excité noté ${}^{A}_{Z}Y^*$, il revient à son état normal et libère de l'énergie sous forme d'un photon γ, rayonnement électromagnétique de très haute fréquence.

Méthode

Écrire et utiliser une équation de désintégration radioactive

a. Le phosphore 30 est radioactif β^+. Identifier son noyau fils.

b. Le noyau fils résultant de la désintégration radioactive du polonium 214 est le plomb 210. Ce noyau fils est lui-même instable et il se désintègre en bismuth 210. Identifier le type de chaque radioactivité mise en jeu.

Données :

Élément	silicium	phosphore	soufre	plomb	bismuth	polonium
Symbole	Si	P	S	Pb	Bi	Po
Z	14	15	16	82	83	84

Conseils

Écrivez les équations de désintégration et appliquez les lois de conservation pour identifier soit le noyau fils, soit la particule émise.

SOLUTION

a. Le noyau de phosphore 30 ($Z = 15$ et $A = 30$) a pour symbole ${}^{30}_{15}\text{P}$. C'est un radio-isotope β^+, donc sa désintégration s'accompagne de l'émission d'un positon ${}^{0}_{1}\text{e}$. En notant ${}^{A}_{Z}\text{Y}$ le noyau fils, l'équation de désintégration s'écrit : ${}^{30}_{15}\text{P} \rightarrow {}^{A}_{Z}\text{Y} + {}^{0}_{1}\text{e}$.

Les lois de conservation donnent :
$30 = A + 0$ et $15 = Z + 1$, soit $A = 30$ et $Z = 14$.
En utilisant les données, on note que l'élément de numéro atomique $Z = 14$ est le silicium. Le noyau fils est donc du silicium 30 : ${}^{30}_{14}\text{Si}$.

b. • Le polonium 214 (${}^{214}_{84}\text{Po}$) se désintègre en plomb 210 (${}^{210}_{82}\text{Pb}$) en émettant une particule ${}^{A}_{Z}\text{Q}$: ${}^{214}_{84}\text{Po} \rightarrow {}^{210}_{82}\text{Pb} + {}^{A}_{Z}\text{Q}$.
D'après les lois de conservation :
$214 = 210 + A$ et $84 = 82 + Z$, soit $A = 4$ et $Z = 2$. La particule émise est donc un noyau d'hélium 4 : ${}^{4}_{2}\text{He}$.
Le polonium 214 est donc un radio-isotope α.

• Le plomb 210 (${}^{210}_{82}\text{Pb}$) se désintègre en bismuth 210 (${}^{210}_{83}\text{Bi}$) en émettant une particule ${}^{A'}_{Z'}\text{Q}'$: ${}^{210}_{82}\text{Pb} \rightarrow {}^{210}_{83}\text{Bi} + {}^{A'}_{Z'}\text{Q}'$.
Les lois de conservation donnent $A' = 0$ et $Z' = -1$. La particule émise est donc un électron : ${}^{\ 0}_{-1}\text{e}$.
Le plomb 210 est donc un radio-isotope β^-.

Décroissance radioactive

18

☐ OK

I Loi de décroissance radioactive

- La désintégration d'un noyau radioactif est aléatoire et il n'est donc pas possible de prévoir le moment où elle aura lieu. Cependant, cet événement a une certaine probabilité de se produire pendant un intervalle de temps infinitésimal dt. Cette probabilité est constante au cours du temps et indépendante des autres noyaux (de la même façon que la probabilité de « sortir un 1 » avec un dé est toujours 1/6 quels que soient les autres dés et les lancers précédents).
- Un échantillon contient N noyaux radioactifs identiques à la date t. La variation dN du nombre de noyaux entre les dates t et t + dt est négative car des noyaux se sont désintégrés spontanément pendant la durée dt. La désintégration radioactive étant un processus aléatoire, le nombre de désintégrations par unité de temps $\frac{-\mathrm{d}N}{\mathrm{d}t}$ est proportionnel au nombre N de noyaux radioactifs : $\frac{-\mathrm{d}N}{\mathrm{d}t} = \lambda \times N$ avec λ la constante radioactive, ou constante de désintégration, exprimée en s^{-1}.
- L'équation différentielle du premier ordre : $\frac{\mathrm{d}N}{\mathrm{d}t} = -\lambda N$ ou $\frac{\mathrm{d}N}{\mathrm{d}t} + \lambda N = 0$ admet pour solution une exponentielle décroissante :

$N(t) = N_0 \mathrm{e}^{-\lambda t}$	N_0 : nombre de noyaux radioactifs à la date $t = 0$.

Cette relation est la loi de décroissance radioactive.

II Temps caractéristiques de la décroissance radioactive

- La constante de temps $\tau = \frac{1}{\lambda}$ est le temps nécessaire pour que 63 % des noyaux radioactifs contenus dans un échantillon se désintègrent.
- La demi-vie radioactive $t_{1/2}$ est la durée nécessaire pour que la moitié, soit 50 %, des noyaux radioactifs contenus dans un échantillon se désintègrent.

$t_{1/2} = \frac{\ln 2}{\lambda}$ ou $t_{1/2} = \ln 2 \times \tau = 0{,}69\tau$	λ en s^{-1} ; $t_{1/2}$ et τ en s.

Exemple : la demi-vie de l'iode 131 est 8,1 jours.

Méthode

Exploiter la loi de décroissance radioactive

On considère N_0 noyaux radioactifs de constante radioactive λ.

a. Montrer que 63 % des noyaux radioactifs se sont désintégrés à la date $\tau = \frac{1}{\lambda}$ (appelée constante de temps).

b. Établir la relation entre la demi-vie $t_{1/2}$ et λ. Exprimer τ en fonction de $t_{1/2}$.

c. Déterminer le nombre N de noyaux aux dates $t_{1/2}$, $2t_{1/2}$ et $nt_{1/2}$ et en déduire l'allure de la représentation graphique de $N(t)$.

Conseils

a. Utilisez la loi de décroissance radioactive.
b. Définissez la demi-vie radioactive et utilisez la loi de décroissance.
c. Utilisez *n* fois la définition de la demi-vie.

SOLUTION

a. La loi de décroissance $N(t) = N_0 e^{-\lambda t}$ conduit à :

$\frac{N(\tau)}{N_0} = e^{-\lambda\tau} = e^{-\frac{\lambda}{\lambda}} = e^{-1} \approx 0,37$. Cela signifie qu'au bout d'une durée τ, il ne reste que 37 % des noyaux radioactifs, c'est-à-dire que 63 % des noyaux se sont désintégrés.

b. Par définition : $N(t_{1/2}) = \frac{N_0}{2}$. La loi de décroissance permet d'écrire $N(t_{1/2}) = N_0 e^{-\lambda t_{1/2}} = \frac{N_0}{2}$ donc $e^{-\lambda t_{1/2}} = \frac{1}{2}$ ou $e^{+\lambda t_{1/2}} = 2$

soit : $\lambda t_{1/2} = \ln 2$ donc $t_{1/2} = \frac{\ln 2}{\lambda}$ et $\tau = \frac{t_{1/2}}{\ln 2} = 1,44 t_{1/2}$.

c. À chaque demi-vie, le nombre N de noyaux est divisé par 2.

t	0	$t_{1/2}$	$2t_{1/2}$	$nt_{1/2}$
N	N_0	$\frac{N_0}{2}$	$\frac{N_0}{4}$	$\frac{N_0}{2^n}$

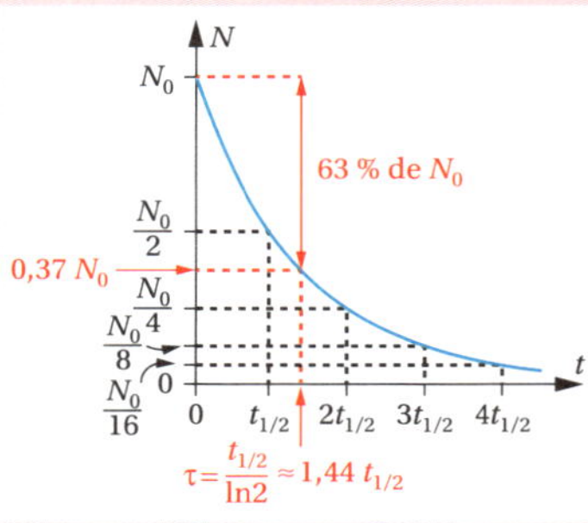

À noter

On vérifie sur le graphique la définition de la constante de temps τ établie à la question **a**.

Applications de la radioactivité et radioprotection

19

☐ OK

I Activité radioactive

- L'activité $A(t)$ est le nombre de désintégrations par unité de temps : $A(t) = \frac{-dN}{dt}$. Elle s'exprime en **becquerels (Bq)** : 1 Bq est une désintégration par seconde. Elle se mesure à l'aide d'un compteur Geiger.
- L'activité est **proportionnelle au nombre de noyaux radioactifs** N : $A(t) = \lambda N(t)$ avec $N(t) = N_0 e^{-\lambda t}$ donc : $A(t) = A_0 e^{-\lambda t}$ avec $A_0 = \lambda N_0$ l'activité à la date $t = 0$.
- La **demi-vie** ▶ FICHE 18 se définit aussi comme la durée nécessaire pour que l'activité d'un échantillon radioactif soit divisée par 2.

À noter

La courbe de la méthode « Exploiter la loi de décroissance radioactive » ▶ FICHE 18 est utilisable en remplaçant le nombre $N(t)$ de noyaux radioactifs par l'activité $A(t)$ et le nombre initial N_0 de noyaux par l'activité initiale A_0.

II Dangers et applications de la radioactivité

- Les particules α, β^-, β^+ et γ sont capables d'ioniser les atomes lors de leur passage dans la matière : on parle de **rayonnements ionisants**.
- Les effets d'une irradiation sont nocifs pour des cellules saines ou bénéfiques quand l'irradiation touche des cellules cancéreuses : c'est le principe de la **radiothérapie**. Les effets sur la santé augmentent avec la dose reçue et peuvent s'avérer mortels. Ils dépendent de la nature des particules et de l'organe exposé. Les irradiations internes par inhalation ou ingestion sont redoutables.
- **Règles de radioprotection** : s'éloigner de la source, réduire le temps d'exposition. Les rayons α, β^- et β^+ sont peu pénétrants, il est aisé de s'en protéger : il faut surtout éviter une irradiation interne. Les rayons γ sont les plus pénétrants et nécessitent des matériaux denses (le plomb ou le béton) pour les absorber.

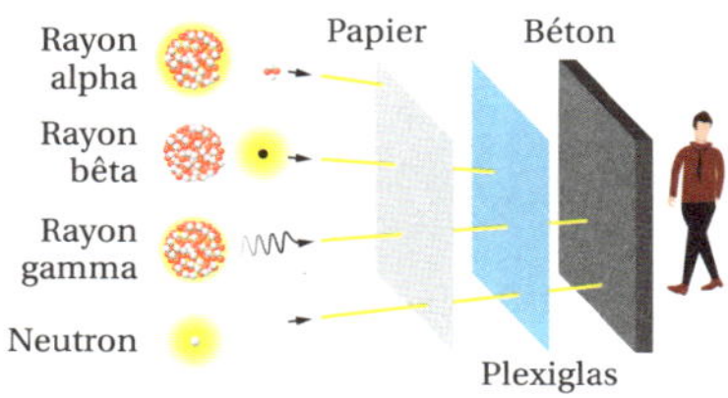

- La loi de décroissance radioactive permet la **datation** d'événements archéologiques ou géologiques. *Exemple* : datation au carbone 14.

Méthode

Dater un événement en utilisant la radioactivité

L'iode 131 est un isotope radioactif β^- utilisé pour effectuer des diagnostics médicaux par scintigraphie. Sa demi-vie vaut 194 h.

On prépare une solution d'iode 131 dont l'activité est 40,0 MBq.

a. Déterminer au bout de combien de temps l'activité n'est plus que de 5,00 MBq.

b. Le 30 août vers midi, l'activité de cette même solution n'est plus que de 4,00 MBq. Déterminer la date de fabrication de la solution.

Conseils

Calculez le rapport $\frac{A_0}{A(t)}$. Deux cas sont alors à distinguer :

- si le rapport vaut 2^n avec n entier, alors la durée recherchée est $t = nt_{1/2}$ car à chaque demi-vie qui s'écoule l'activité est divisée par 2 ;
- si le rapport ne vaut pas 2^n avec n entier, alors il faut utiliser la loi de décroissance radioactive $A(t) = A_0 e^{-\lambda t}$.

SOLUTION

a. Initialement, l'activité de la solution est $A_0 = 40{,}0$ MBq.
À la date t, elle vaut : $A(t) = 5{,}00$ MBq, c'est-à-dire que l'activité a été divisée par $8 = 2^3$ pendant le temps t. Sachant qu'à chaque demi-vie qui s'écoule l'activité est divisée par 2, la durée recherchée est alors :
$t = 3t_{1/2} = 3 \times 194 \text{ h} = 582 \text{ h} = 24$ jours et 6 h.

b. Cette fois $A(t) = 4{,}0$ MBq, c'est-à-dire que l'activité a été divisée par 10 pendant la durée t. Ce rapport de 10 n'est pas de la forme 2^n avec n entier, il n'est donc pas possible de procéder comme à la question précédente et il faut alors utiliser la loi de décroissance radioactive : $A(t) = A_0 e^{-\lambda t}$.

On peut extraire la durée t : $e^{-\lambda t} = \frac{A(t)}{A_0}$ donc $e^{\lambda t} = \frac{A_0}{A(t)}$ puis $\ln(e^{\lambda t}) = \ln \frac{A_0}{A(t)}$ soit $\lambda t = \ln \frac{A_0}{A(t)}$ et finalement : $t = \frac{1}{\lambda} \ln \frac{A_0}{A(t)}$.

La constante radioactive vaut : $\lambda = \frac{\ln 2}{t_{1/2}} = \frac{0{,}693}{194} = 3{,}57 \times 10^{-3} \text{ h}^{-1}$.

On obtient alors : $t = \frac{1}{3{,}57 \times 10^{-3}} \ln \frac{40{,}0}{4{,}00} = 645 \text{ h}$ soit environ 27 jours.

La solution a été fabriquée le 3 août de la même année.

Quiz EXPRESS 20

Avez-vous bien révisé les fiches 16 à 19 ? On vérifie !

1 Noyaux atomiques et isotopes

▶ FICHE 16

Parmi les affirmations suivantes, lesquelles sont vraies ?

☐ **a.** Les noyaux $^{64}_{28}Ni$, $^{65}_{29}Cu$ et $^{66}_{30}Zn$ ont tous les trois le même nombre de neutrons.

☐ **b.** Les noyaux $^{64}_{28}Ni$; $^{65}_{29}Cu$; $^{66}_{30}Zn$ sont isotopes.

☐ **c.** Un radio-isotope possède un noyau instable.

2 Radioactivité

▶ FICHE 17

Parmi les affirmations suivantes, lesquelles sont vraies ?

☐ **a.** La particule α est un atome d'hélium 4.

☐ **b.** L'équation $^{40}_{19}K \rightarrow ^{40}_{20}Ca + ^{0}_{-1}e$ symbolise la désintégration β^- du calcium 40.

☐ **c.** Au cours d'une désintégration radioactive, il y a toujours conservation du nombre de protons.

3 Décroissance radioactive

▶ FICHE 18

1. La constante radioactive λ s'exprime en :

☐ **a.** s ☐ **b.** s^{-1} ☐ **c.** m ☐ **d.** m^{-1}

2. La demi-vie radioactive $t_{1/2}$ vaut :

☐ **a.** $\frac{\lambda}{2}$ ☐ **b.** $\frac{\ln\lambda}{2}$ ☐ **c.** $\frac{\ln 2}{\lambda}$ ☐ **d.** $\frac{\lambda}{\ln 2}$

4 Activité radioactive

▶ FICHE 19

1. L'activité d'un échantillon radioactif s'exprime en :

☐ **a.** watts ☐ **b.** becquerels ☐ **c.** volts ☐ **d.** joules

2. L'activité A d'un échantillon contenant N noyaux radioactifs de constante radioactive λ vaut :

☐ **a.** λN ☐ **b.** $\frac{\lambda}{N}$ ☐ **c.** $\frac{N}{\lambda}$ ☐ **d.** Ne^{λ}

CORRIGÉS

1 Noyaux atomiques et isotopes

Réponses a et c.

L'affirmation **a** est vraie car les noyaux $^{64}_{28}Ni$, $^{65}_{29}Cu$ et $^{66}_{30}Zn$ ont tous 36 neutrons.

L'affirmation **b** est fausse : les noyaux $^{64}_{28}Ni$, $^{65}_{29}Cu$ et $^{66}_{30}Zn$ ne sont pas isotopes car ils n'ont pas le même nombre Z de protons.

L'affirmation **c** est vraie : un radio-isotope, c'est-à-dire un isotope radioactif possède un noyau instable

2 Radioactivité

Réponse d.

L'affirmation **a** est fausse car une particule α n'est pas un atome d'hélium 4 mais un noyau d'hélium 4 de symbole $^{4}_{2}He$.

L'affirmation **b** est fausse car l'équation $^{40}_{19}K \rightarrow {}^{40}_{20}Ca + {}^{0}_{-1}e$ symbolise la désintégration β^- du potassium 40 ($^{40}_{19}K$).

L'affirmation **c** est fausse car au cours d'une désintégration, la charge électrique se conserve toujours mais pas nécessairement le nombre de protons. Dans l'exemple précédent de la désintégration du potassium 40, la charge électrique se conserve (19 = 20 − 1) mais le nombre de protons passe de 19 à 20. En revanche, il y a toujours conservation du nombre de nucléons.

3 Décroissance radioactive

1. Réponse b. La constante radioactive λ est l'inverse d'un temps, elle s'exprime en s^{-1} (ou en min^{-1}, h^{-1}, $jour^{-1}$, an^{-1}).

2. Réponse c. La demi-vie radioactive $t_{1/2}$ est un temps inversement proportionnel à la constante radioactive : $t_{1/2} = \frac{\ln 2}{\lambda}$.

4 Activité radioactive

1. Réponse b. L'activité d'un échantillon radioactif s'exprime en becquerels (Bq).

2. Réponse a. L'activité est proportionnelle au nombre de noyaux : $A = \lambda N$.

Quotient de réaction et critère d'évolution spontanée

21

☐ OK

I Équilibre dynamique et quotient de réaction

- Le taux d'avancement final τ d'une transformation est défini par :

$$\tau = \frac{x_f}{x_m}$$

τ sans unité et souvent exprimé en % ;
x_f l'avancement final et x_m l'avancement maximal.

- si $\tau = 1$: transformation totale ;
- si $\tau < 1$: transformation non totale (limitée).

- Une transformation n'est pas totale si elle peut se faire dans les deux sens : direct (de gauche à droite dans l'équation de réaction) et indirect (de droite à gauche). L'état final est atteint lorsque la formation des produits se fait à la même vitesse que leur consommation. On parle d'équilibre dynamique, traduit par la double flèche de réaction : $\rightleftarrows$.

- Soit un système chimique subissant une transformation modélisée par :

$$a\,A_{(aq)} + b\,B_{(aq)} \rightleftarrows c\,C_{(aq)} + d\,D_{(aq)}.$$

Le quotient de réaction est défini par : $Q_r = \dfrac{[C]^c \times [D]^d}{[A]^a \times [B]^b}$

avec Q_r nombre sans unité ; [X] concentration en quantité de matière de l'espèce X (nombre sans unité, égal à la concentration de X en $mol \cdot L^{-1}$). Si X est un solide ou le solvant H_2O, il n'apparaît pas dans le calcul du quotient de réaction Q_r.

II Constante d'équilibre et critère d'évolution spontanée d'un système

- Soit une transformation chimique et son équation de réaction à laquelle on associe une constante d'équilibre, grandeur sans unité, notée K (K ne dépend que de la température).

- Quand un système est à l'équilibre (les quantités de matière des espèces n'évoluent plus), le quotient de réaction est égal à la constante d'équilibre :
à l'équilibre : $Q_r = K$; en dehors de l'équilibre : $Q_r \neq K$.

- Si un système chimique est hors d'équilibre dans le cas d'une transformation non totale avec tous les réactifs et produits présents à l'état initial, le critère d'évolution spontanée permet de prévoir, selon la valeur du quotient de réaction initial, dans quel sens évoluera la transformation : si $Q_{ri} < K$: évolution en sens direct ; si $Q_{ri} > K$: évolution en sens indirect.

Méthode

Prévoir le sens d'évolution d'un système chimique

Soit l'équilibre : $Ag^+_{(aq)} + 2\,NH_{3(aq)} \rightleftarrows Ag(NH_3)^+_{2(aq)}$ avec $K = 8{,}13 \times 10^3$.

On considère le système chimique constitué à l'état initial des espèces ci-dessous, en solution aqueuse de volume $V = 250$ mL.

Espèces	$Ag^+_{(aq)}$	$NH_{3(aq)}$	$Ag(NH_3)^+_{2(aq)}$
Quantité de matière	$5{,}00 \times 10^{-3}$ mol	$2{,}00 \times 10^{-3}$ mol	$4{,}00 \times 10^{-2}$ mol

Prédire le sens dans lequel évoluera spontanément ce système.

Conseils

Calculez les concentrations des différentes espèces, puis déterminez le quotient de réaction initial et enfin appliquez le critère d'évolution spontanée.

SOLUTION

- La concentration en quantité de matière est $C = \dfrac{n}{V}$.

Pour l'ion argent : $\left[Ag^+\right]_i = \dfrac{5{,}00 \times 10^{-3}}{250 \times 10^{-3}} = 2{,}00 \times 10^{-2}\ \text{mol} \cdot \text{L}^{-1}$.

$\left[NH_3\right]_i = 8{,}00 \times 10^{-3}\text{mol} \cdot \text{L}^{-1}$

et $\left[Ag(NH_3)_2^+\right]_i = 1{,}60 \times 10^{-1}\ \text{mol} \cdot \text{L}^{-1}$.

Le quotient de réaction initial s'écrit : $Q_{ri} = \dfrac{\left[Ag(NH_3)_2^+\right]_i}{\left[Ag^+\right]_i \times \left[NH_3\right]_i^2}$.

Numériquement, on a :

$$Q_{ri} = \frac{1{,}60 \times 10^{-1}}{2{,}00 \times 10^{-2} \times \left(8{,}00 \times 10^{-3}\right)^2} = 1{,}25 \times 10^5.$$

- Les réactifs et le produit étant tous initialement présents, on peut envisager une évolution dans les deux sens pour cette transformation non totale. La comparaison de K et de Q_{ri} permet de prédire le sens effectif.

$Q_{ri} = 1{,}25 \times 10^5 > K = 8{,}13 \times 10^3$. L'évolution spontanée a donc lieu dans le sens indirect.

Transformation spontanée modélisée par une oxydo-réduction

22

☐ OK

I Oxydo-réduction : transfert d'électrons par contact

1 Réaction entre les ions cuivre et les atomes de zinc

- Lorsque l'on met en contact des ions cuivre $Cu^{2+}_{(aq)}$ et des atomes de zinc $Zn_{(s)}$, on observe une progressive décoloration de la solution ainsi qu'un dépôt rougeâtre sur la plaque de zinc.

- Les ions cuivre donnent une coloration bleue à la solution. Une solution d'ions zinc est incolore. Donc les ions cuivre sont consommés. Le dépôt sur la plaque de zinc correspond à la couleur des atomes de cuivre.

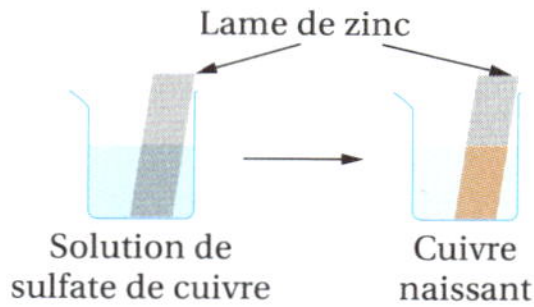

- On peut prouver que des ions zinc sont maintenant présents dans la solution : ils ont été formés par oxydation des atomes de zinc.

$$Zn \rightleftarrows Zn^{2+} + 2\,e^-$$
$$Cu^{2+} + 2\,e^- \rightleftarrows Cu$$
$$\overline{Zn_{(s)} + Cu^{2+}_{(aq)} \rightarrow Zn^{2+}_{(aq)} + Cu_{(s)}}$$

Cette transformation totale est spontanée.

2 Réaction entre les ions zinc et les atomes de cuivre

La double flèche des demi-équations ci-dessus laisse présager que la transformation peut se faire dans les deux sens. Dans ce cas, il n'en est rien puisque la transformation est totale ! Si on met en contact des ions zinc $Zn^{2+}_{(aq)}$ et des atomes de cuivre $Cu_{(s)}$, aucune évolution ne sera observée : cette transformation n'est pas spontanée.

À noter

Cela ne veut pas dire qu'elle ne pourra jamais avoir lieu... ▶ FICHE 25

II Oxydo-réduction : transfert indirect d'électrons

- Dans une solution aqueuse, les porteurs de charge sont les ions. Dans un métal, les porteurs de charge sont les électrons.

- Il est donc possible qu'un réducteur et un oxydant échangent des électrons sans être en contact. Il suffit de les relier par un conducteur métallique (câble, électrode...). Ce transfert indirect d'électrons génère un courant électrique dans le conducteur métallique. ▶ FICHE 23

Méthode

Prévoir le sens d'évolution spontanée d'un système électrochimique

Le système électrochimique considéré est une solution aqueuse contenant :
- des ions fer III ($[Fe^{3+}]_i = 4{,}0 \times 10^{-2}$ mol · L^{-1}) ;
- des ions fer II ($[Fe^{2+}]_i = 2{,}0 \times 10^{-3}$ mol · L^{-1}) ;
- des ions cuivre ($[Cu^{2+}]_i = 5{,}0 \times 10^{-2}$ mol · L^{-1}) ;
- du cuivre solide ($m(Cu)_i = 2{,}5$ g).

Les couples oxydant/réducteur sont : Fe^{3+}/Fe^{2+} et Cu^{2+}/Cu.

a. Donner l'équation de réaction en supposant que l'atome de cuivre est un réactif.

b. Déterminer alors la valeur du quotient de réaction initial du système.

c. La constante d'équilibre de cette réaction est, à 25 °C, $K = 2{,}1 \times 10^{14}$. Dans quel sens le système va-t-il évoluer ?

Conseils

a. Écrivez puis combinez les deux demi-équations en faisant l'hypothèse que le réducteur Cu est un réactif.
b. Attention à l'état physique des différentes espèces.
c. Appliquez le critère d'évolution spontanée.

SOLUTION

a. Cu est un réducteur donc il réagit avec l'oxydant de l'autre couple : Fe^{3+}.

$$Cu \rightleftarrows Cu^{2+} + 2\,e^-$$
$$Fe^{3+} + e^- \rightleftarrows Fe^{2+} \qquad (\times 2)$$
$$Cu_{(s)} + 2\,Fe^{3+}_{(aq)} \rightleftarrows Cu^{2+}_{(aq)} + 2\,Fe^{2+}_{(aq)}$$

b. Le solide Cu n'apparaît pas dans le quotient de réaction. ▶ FICHE 21

On a :

$$Q_{ri} = \frac{[Cu^{2+}]_i \times [Fe^{2+}]_i^2}{[Fe^{3+}]_i^2} = \frac{5{,}0 \times 10^{-2} \times (2{,}0 \times 10^{-3})^2}{(4{,}0 \times 10^{-2})^2} = 1{,}3 \times 10^{-4}.$$

c. On a : $Q_{ri} = 1{,}3 \times 10^{-4} < K = 2{,}1 \times 10^{14}$.

L'évolution a donc lieu dans le sens direct : l'équation de réaction a donc été écrite dans le « bon » sens.

Fonctionnement d'une pile

23

☐ OK

I Principe de fonctionnement

- Une pile est constituée de deux demi-piles, chacune contenant une électrode (fil ou plaque métallique) qui plonge dans un électrolyte (solution contenant des ions métalliques). Une demi-pile est le siège d'une réaction d'oxydation ou de réduction.

Les deux demi-piles sont reliées par un **pont salin** ou une **membrane** qui ferme le circuit, assurant ainsi le passage du courant électrique, et maintient l'électroneutralité des solutions.

- L'électrode qui est le siège d'une **oxydation** est l'**anode**.

L'électrode qui est le siège d'une **réduction** est la **cathode**.

- Lorsqu'une pile fonctionne, les électrons sont produits à l'anode et consommés à la cathode. Ainsi, l'anode constitue le pôle (–) et la cathode le pôle (+) d'une pile. Dans le circuit électrique extérieur à la pile, les électrons vont de l'anode vers la cathode. Le courant électrique circule en sens inverse des électrons, c'est-à-dire du pôle (+) (cathode) vers le pôle (–) (anode).

- L'**écriture symbolique** d'une pile est : (–) $Réd_1/Ox_1//Ox_2/Réd_2$ (+).

II Schéma d'une pile en fonctionnement

Exemple : pile Daniell : (–) $Zn_{(s)}/Zn^{2+}_{(aq)}//Cu^{2+}_{(aq)}/Cu_{(s)}$ (+).

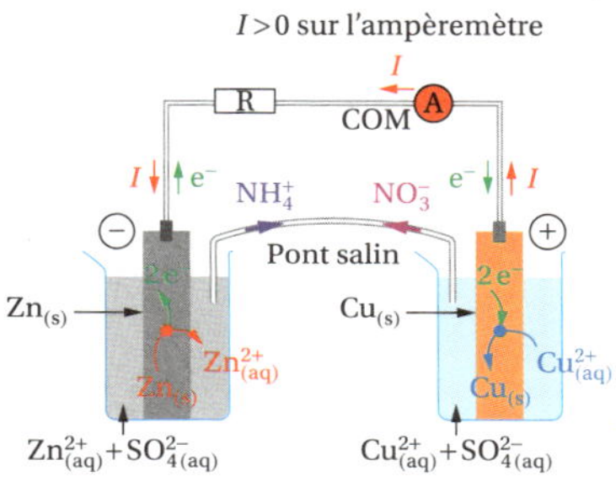

À noter

On utilise un pont salin car mélanger les deux demi-piles dans un bécher provoquerait un transfert direct d'électrons du réducteur à l'oxydant. Le pont salin impose un circuit extérieur aux électrons générant un courant électrique utilisable.

À la cathode (+), il y a réduction des ions cuivre : $Cu^{2+} + 2\,e^- \rightleftarrows Cu$.

À l'anode (–), il y a oxydation des atomes de zinc : $Zn \rightleftarrows Zn^{2+} + 2\,e^-$.

Finalement, on a donc la réaction : $Zn_{(s)} + Cu^{2+}_{(aq)} \rightarrow Zn^{2+}_{(aq)} + Cu_{(s)}$.

Méthode

Déterminer l'équation de réaction d'une pile en fonctionnement

Établir l'équation de la réaction se produisant lorsque la pile plomb-cuivre ci-dessous fonctionne.

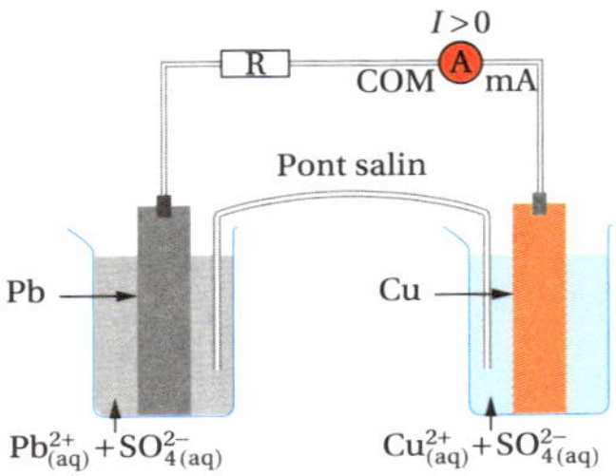

Conseils

Identifiez le sens du courant électrique et donc le sens de circulation des électrons. Ainsi, vous connaîtrez la polarité de la pile et donc le lieu où sont libérés les électrons et celui où ils sont captés. C'est ce qui permettra d'identifier les réactifs et les produits.

SOLUTION

D'après le schéma, $I > 0$: le courant électrique rentre donc par la borne mA de l'ampèremètre et sort par la borne COM. Ainsi, le courant électrique circule de l'électrode de cuivre à l'électrode de plomb dans le circuit extérieur.

L'électrode de cuivre est la cathode alors que celle de plomb est l'anode.

Les électrons circulant dans le sens contraire de celui du courant électrique, ils vont donc de l'électrode de plomb à celle de cuivre.

Les électrons quittent l'électrode de plomb, donc il y a oxydation d'un réducteur (perte d'électrons) à cette demi-pile selon la demi-équation :

$$Pb \rightleftarrows Pb^{2+} + 2\,e^-.$$

Les atomes de plomb sont donc consommés : ils sont des réactifs.

Les électrons arrivent à l'électrode de cuivre, donc il y a réduction d'un oxydant (gain d'électrons) à cette demi-pile selon la demi-équation :

$$Cu^{2+} + 2\,e^- \rightleftarrows Cu.$$

Les ions cuivre sont donc consommés : ils sont des réactifs.

L'équation de la réaction d'oxydoréduction associée à la pile en fonctionnement est ainsi :

$$Pb \rightleftarrows Pb^{2+} + 2\,e^-$$

$$Cu^{2+} + 2\,e^- \rightleftarrows Cu$$

$$\overline{Pb_{(s)} + Cu^{2+}_{(aq)} \rightarrow Pb^{2+}_{(aq)} + Cu_{(s)}}$$

Usure et capacité d'une pile

24

☐ OK

I Force électromotrice et usure d'une pile

- La force électromotrice d'une pile (« fem ») est la tension mesurée à ses bornes lorsque la pile ne débite pas de courant. Elle se note « E » et s'exprime en volts (V).

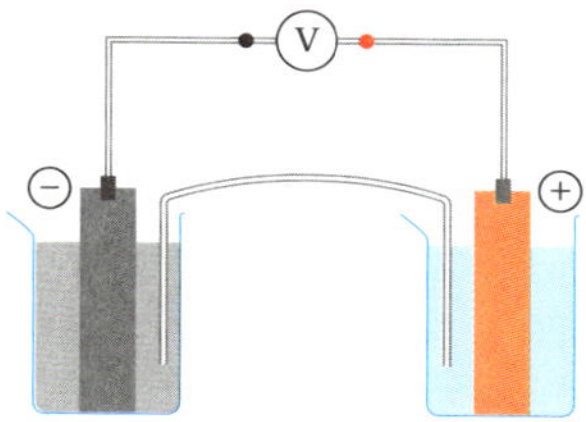

- Lorsque la pile débite du courant, il y a consommation des réactifs, ce qui provoque la diminution de la force électromotrice.
- Une pile est dite « usée » lorsque sa force électromotrice devient nulle, c'est-à-dire que la tension à ses bornes est égale à zéro.

À noter

Au quotidien, une pile n'est déjà plus utilisée alors que sa fem n'est pas encore nulle. Au sens chimique, elle n'est pourtant pas encore « usée »...

II Capacité électrique d'une pile

- De symbole Q, la capacité électrique d'une pile est la quantité maximale d'électricité (charge) qu'une pile est capable de délivrer. Elle se calcule par la valeur absolue de la charge totale des électrons échangés :

$$Q = n(e^-) \times N_A \times |-e| = n(e^-) \times F$$

avec Q en coulombs (C) ; $n(e^-)$ quantité de matière en électrons échangée (mol) ; N_A nombre d'Avogadro : $Na = 6{,}02 \times 10^{23}\ mol^{-1}$;
$-e = -1{,}602 \times 10^{-19}$ C, charge d'un électron ; F le Faraday, charge d'une mole de charges élémentaires : $F = 96500\ C \cdot mol^{-1}$.

- On détermine également la capacité électrique d'une pile par le produit de l'intensité débitée I (supposée constante) et de la durée totale de fonctionnement Δt.

$$Q = I \times \Delta t$$ Q en C ; I en A ; Δt en s.

Méthode

Déterminer la durée de fonctionnement d'une pile

On considère une pile diiode-zinc d'équation de fonctionnement :

$$I_{2(aq)} + Zn_{(s)} \rightarrow 2\ I^-_{(aq)} + Zn^{2+}_{(aq)}.$$

Cette pile débite un courant constant d'intensité $I = 50$ mA.

La première demi-pile contient une grosse lame de zinc.

Outre une électrode inerte, la seconde demi-pile contient 100 mL d'une solution aqueuse de diiode à $1{,}0 \times 10^{-1}$ mol · L^{-1}.

Pendant combien de temps cette pile peut-elle débiter jusqu'à l'usure ? On fera l'hypothèse que cette transformation est totale.

Conseils

Identifiez le réactif limitant et calculez l'avancement maximal x_m.
Ensuite, utilisez les deux expressions de la capacité électrique de la pile pour calculer sa durée d'utilisation.

SOLUTION

La lame de zinc étant grosse, l'atome de zinc est un réactif en très large excès.
Le réactif limitant est donc le diiode. Sa quantité de matière initiale est : $n(I_2)_i = C \times V = 1{,}0 \times 10^{-1} \times 100 \times 10^{-3} = 1{,}0 \times 10^{-2}$ mol.
À l'état final de cette transformation totale, le réactif limitant est totalement consommé donc :
$n(I_2)_f = n(I_2)_i - x_m = 0$ soit $x_m = 1{,}0 \times 10^{-2}$ mol.
Cette oxydo-réduction a lieu avec deux électrons échangés à chaque fois entre le réducteur et l'oxydant car les demi-équations sont :

$$Zn \rightleftarrows Zn^{2+} + 2\ e^-$$

$$I_2 + 2\ e^- \rightleftarrows 2\ I^-$$

$$I_{2(aq)} + Zn_{(s)} \rightarrow 2\ I^-_{(aq)} + Zn^{2+}_{(aq)}$$

Donc la quantité de matière en électrons échangés est le double de l'avancement maximal : $n(e^-) = 2\ x_m = 2{,}0 \times 10^{-2}$ mol.
On a : $Q = n(e^-) \times F = I \times \Delta t$

d'où $\Delta t = \dfrac{n(e^-) \times F}{I} = \dfrac{2{,}0 \times 10^{-2} \times 96\,500}{50 \times 10^{-3}} = 3{,}9 \times 10^4 \text{ s} = 11 \text{ h}.$

À noter

Dans ce type d'exercice, attention aux confusions possibles entre les notations de la force électromotrice *E*, de la charge élémentaire e et de l'électron e$^-$...

Une évolution forcée : l'électrolyse

25

☐ OK

I Principe de l'électrolyse

- Une **électrolyse** est une transformation d'oxydo-réduction **forcée** par un générateur au cours de laquelle le système évolue dans le sens inverse de celui qui serait spontanément observé. Au cours d'une évolution forcée, le quotient de réaction Q_r évolue en s'éloignant de la valeur de la constante d'équilibre K.

- L'électrode où a lieu la réduction est la **cathode**, reliée au pôle (–) du générateur.

L'électrode où a lieu l'oxydation est l'**anode**, reliée au pôle (+) du générateur.

> **À noter**
> Si les définitions restent les mêmes que pour une pile (anode : oxydation et cathode : réduction), les polarités (+/–) ne sont plus les mêmes !

- La quantité d'électricité Q lors d'une électrolyse est, comme pour la pile :

$$Q = n(e^-) \times F = I \times \Delta t$$

Q en C ; $n(e^-)$ en mol ; F en $C \cdot mol^{-1}$; I en A et Δt en s.

- Si la tension aux bornes du générateur est suffisante, il va imposer un sens du courant et donc un sens de parcours aux électrons. Si cela s'oppose aux sens prévus par le critère d'évolution spontanée du système électrochimique, on obtient une transformation forcée.

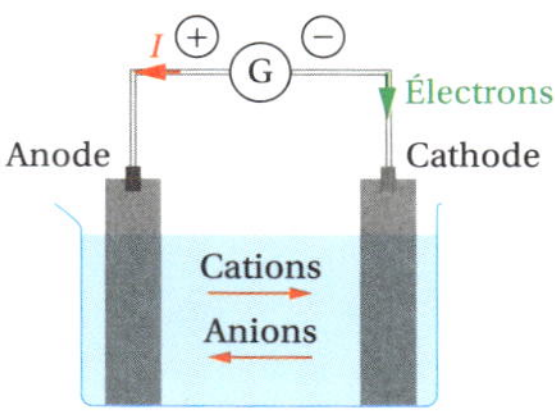

II Pile et électrolyse : deux comportements pour un système

Pile : transformation spontanée	Électrolyse : transformation forcée
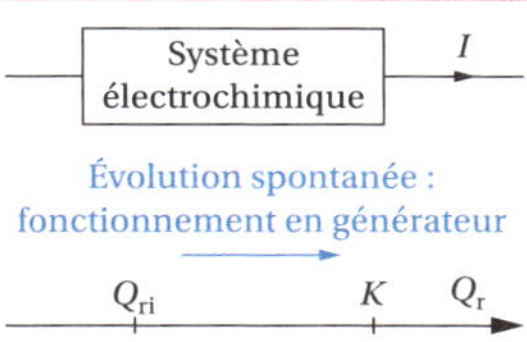	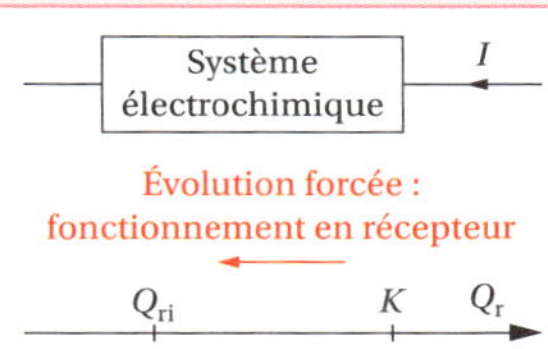

Méthode

Déterminer une quantité de matière formée lors d'une électrolyse

Grâce à un générateur qui impose un courant d'intensité constante $I = 12$ mA, on réalise pendant 15 minutes l'électrolyse d'une solution aqueuse de bromure de cuivre ($Cu^{2+}_{(aq)} + 2\,Br^{-}_{(aq)}$), de volume $V = 500$ mL et de concentration en quantité de matière $C = 0{,}25\ mol \cdot L^{-1}$.

Données : couples d'oxydo-réduction : Br_2/Br^- et Cu^{2+}/Cu ; $M(Br) = 79{,}9\ g \cdot mol^{-1}$.

a. Écrire l'équation de réaction pour cette électrolyse.

b. Déterminer la quantité d'électricité traversant le circuit et la masse de dibrome formée au cours de cette électrolyse.

Conseils

a. Tenez compte des espèces initialement présentes.
b. Appliquez la définition de Q mais attention aux unités… Utilisez les demi-équations d'oxydo-réduction pour lier le nombre d'électrons échangés au nombre de molécules de dibrome formées.

SOLUTION

a. Les réactifs initialement présents sont les ions bromure Br^- et cuivre Cu^{2+}. On écrit les demi-équations associées :

$$2\,Br^- \rightleftarrows Br_2 + 2\,e^-$$
$$Cu^{2+} + 2\,e^- \rightleftarrows Cu$$
$$\overline{2\,Br^-_{(aq)} + Cu^{2+}_{(aq)} \rightleftarrows Br_{2(aq)} + Cu_{(s)}}$$

b. $Q = I \times \Delta t = 12 \times 10^{-3} \times 15 \times 60 = 11$ C.
D'après la demi-équation liée au dibrome, on a : $2\,Br^- \rightleftarrows Br_2 + 2\,e^-$.
La formation d'une molécule de dibrome correspond à la libération de deux électrons. La quantité d'électrons libérée est donc le double de la quantité de matière en dibrome formée : $n(e^-) = 2\,n(Br_2)_{formée}$.

$$Q = n(e^-) \times F = 2\,n(Br_2)_{formée} \times F$$

$$n(Br_2)_{formée} = \frac{Q}{2\,F} = \frac{11}{2 \times 96\,500} = 5{,}6 \times 10^{-5}\ mol$$

$$m(Br_2)_{formée} = n(Br_2)_{formée} \times M(Br_2)$$
$$= n(Br_2)_{formée} \times 2 \times M(Br)$$
$$= 5{,}6 \times 10^{-5} \times 2 \times 79{,}9 = 8{,}9\ mg.$$

Quiz EXPRESS 26

Avez-vous bien révisé les fiches 21 à 25 ? On vérifie !

1 Quotient de réaction pour un système électrochimique

▶ FICHES 21 ET 22

$Al_{(s)} + 3\ Fe^{3+}_{(aq)} \rightarrow Al^{3+}_{(aq)} + 3\ Fe^{2+}_{(aq)}$. Le quotient de réaction est :

☐ **a.** $Q_r = \dfrac{[Al^{3+}] \times [Fe^{2+}]^3}{[Fe^{3+}]^3}$ ☐ **b.** $Q_r = \dfrac{[Fe^{3+}]^3}{[Al^{3+}] \times [Fe^{2+}]^3}$

2 Fonctionnement d'une pile

▶ FICHE 23

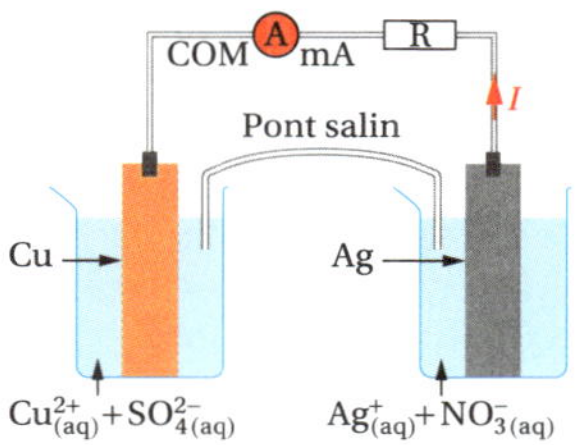

1. Les électrons vont de l'électrode de cuivre à l'électrode d'argent :

☐ **a.** vrai ☐ **b.** faux

2. L'électrode de cuivre est :

☐ **a.** la cathode. ☐ **b.** l'anode.

3. Lorsque la pile débite, la masse de l'électrode d'argent :

☐ **a.** augmente. ☐ **b.** diminue. ☐ **c.** reste constante.

3 Usure et capacité d'une pile

▶ FICHE 24

Une pile débite un courant de 25 mA. $5{,}0 \times 10^{-3}$ mol d'atomes d'aluminium sont consommées selon l'équation :
$Al_{(s)} + 3\ Fe^{3+}_{(aq)} \rightarrow Al^{3+}_{(aq)} + 3\ Fe^{2+}_{(aq)}$. Sa durée de fonctionnement est :

☐ **a.** $\Delta t = 1{,}9 \times 10^4$ s ☐ **b.** $\Delta t = 5{,}8 \times 10^4$ s

☐ **c.** $\Delta t = 16$ h ☐ **d.** $\Delta t = 57\ 900$ s

4 Une évolution forcée : l'électrolyse

▶ FICHE 25

Grâce à un générateur, on réalise l'électrolyse d'une solution aqueuse de bromure de cuivre, modélisée par l'équation de réaction : $2\ Br^{-}_{(aq)} + Cu^{2+}_{(aq)} \rightarrow Br_{2\,(aq)} + Cu_{(s)}$.

L'électrode où on observe la formation d'atomes de cuivre est :

☐ **a.** reliée au pôle (+). ☐ **b.** reliée au pôle (–) du générateur.

CORRIGÉS

1 Quotient de réaction pour un système électrochimique

Réponse a. Le quotient de réaction Q_r est le produit des concentrations des produits, sur le produit des concentrations des réactifs, affectées de leur nombre stœchiométrique en puissance. Tout comme le solvant H_2O, les solides n'apparaissent pas dans l'expression du quotient de réaction.

2 Fonctionnement d'une pile

1. **Réponse a.** Dans le circuit extérieur, les électrons se déplacent dans le sens inverse du courant : ici, ils vont de l'électrode de cuivre à l'électrode d'argent.

2. **Réponse b.** Dans une pile, le courant part de la cathode (+) pour aller vers l'anode (–). Ici le courant arrive à l'électrode de cuivre, qui est donc l'anode.

3. **Réponse a.** L'électrode d'argent est la cathode, lieu de la réduction. Une réduction est subie par un oxydant, Ag^+ dans le cas de cette demi-pile. La demi-équation associée à cette demi-pile est : $Ag^+ + e^- \rightleftarrows Ag$. Les atomes d'argent sont donc formés : la masse de l'électrode d'argent augmente.

3 Usure et capacité d'une pile

Réponses b et c. La demi-équation pour l'aluminium est : $Al \rightleftarrows Al^{3+} + 3\ e^-$. Donc la quantité de matière en électrons échangée est le triple de celle consommée en aluminium :
$n(e^-) = 3\ n(Al)_{consommée} = 1{,}5 \times 10^{-2}$ mol.

$$\Delta t = \frac{n(e^-) \times F}{I} = \frac{1{,}5 \times 10^{-2} \times 96\,500}{25 \times 10^{-3}} = 5{,}8 \times 10^4\ s = 16\ h.$$

La proposition **d** est incorrecte car elle ne respecte pas le nombre de chiffres significatifs nécessaire (ici, 2).

4 Une évolution forcée : l'électrolyse

Réponse b. Cu^{2+} est un réactif et Cu un produit.

La demi-équation pour le cuivre est : $Cu^{2+} + 2\ e^- \rightleftarrows Cu$. C'est la réduction des ions cuivre : cette électrode est la cathode.

Pour une électrolyse, elle est reliée au pôle (–) du générateur.

Constante d'acidité d'un couple acide-base

27

☐ OK

I Constante d'acidité d'un couple acide-base

- La constante d'acidité K_A d'un couple acide-base est la constante d'équilibre ▶ FICHE 21 associée à la réaction de dissociation de l'acide de ce couple dans l'eau : $acide_{(aq)} + H_2O_{(\ell)} \rightleftarrows base_{(aq)} + H_3O^+_{(aq)}$

soit :

$$K_A = \frac{[base]_{éq} \times [H_3O^+]_{éq}}{[acide]_{éq}}$$

- Pour un couple acide/base donné, K_A dépend uniquement de la température.
- On définit également $pK_A = -\log K_A$ ce qui équivaut à $K_A = 10^{-pK_A}$.

Exemple : couple acide méthanoïque/ion méthanoate HCO_2H/HCO_2^- :

$$K_A = \frac{[HCO_2^-]_{éq} \times [H_3O^+]_{éq}}{[HCO_2H]_{éq}} = 1,8 \times 10^{-4}$$

et $pK_A = 3,75$ à 25 °C.

À noter

Dans l'état d'équilibre $Q_{rf} = K$.

II Produit ionique de l'eau

- La réaction d'autoprotolyse de l'eau met en jeu les deux couples acide/base de l'eau H_3O^+/H_2O et H_2O/HO^- :

$$H_2O_{(\ell)} + H_2O_{(\ell)} \rightleftarrows H_3O^+_{(aq)} + HO^-_{(aq)}.$$

- La constante d'équilibre associée à la réaction d'autoprotolyse de l'eau est appelée produit ionique de l'eau et notée K_e :

$K_e = [H_3O^+] \times [HO^-] = 1,0 \times 10^{-14}$ à 25 °C. K_e est sans dimension.

On utilise souvent $pK_e = -\log(K_e)$; à 25 °C $pK_e = 14$.

- Dans toute solution aqueuse, le produit ionique de l'eau K_e est toujours égal à une constante, à une température donnée. Il est indépendant des substances dissoutes. À 25 °C dans une solution :

• neutre : $[H_3O^+] = [HO^-] = 10^{-7}$ mol · L^{-1} et $K_e = 10^{-14}$ d'où $pH = \frac{1}{2} pK_e = 7$;
• acide : $[H_3O^+] > 10^{-7}$ mol · L^{-1} et $[HO^-] < 10^{-7}$ mol · L^{-1} et $pH < 7$;
• basique : $[H_3O^+] < 10^{-7}$ mol · L^{-1} et $[HO^-] > 10^{-7}$ mol · L^{-1} et $pH > 7$.

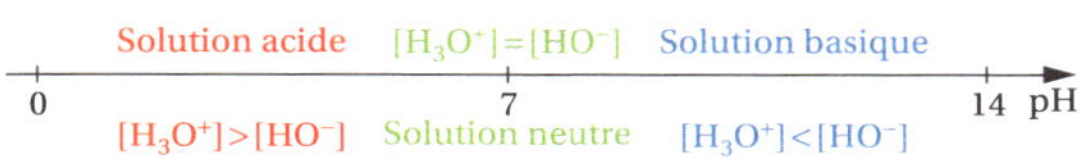

Méthode

Calculer la constante d'acidité K_A d'un couple acide-base

On dispose de 100 mL d'une solution aqueuse d'acide éthanoïque CH_3CO_2H de concentration $C = 5{,}0 \times 10^{-2}\ mol \cdot L^{-1}$. On mesure le pH et on obtient pH = 3,0.

a. Donner l'expression de la constante d'acidité K_A du couple acide éthanoïque/ion éthanoate.

b. Déterminer la valeur de la constante d'acidité du couple acide éthanoïque/ion éthanoate et en déduire la valeur de son pK_A.

Conseils

a. Écrivez l'équation de dissociation de l'acide éthanoïque dans l'eau.

b. Aidez-vous d'un tableau d'avancement et utilisez la valeur du pH pour déterminer l'avancement final ; déduisez-en la concentration de chaque espèce dans l'état d'équilibre.

SOLUTION

a. CH_3CO_2H est un acide donc il va réagir avec l'eau H_2O en tant que base, soit les couples : $CH_3CO_2H/CH_3CO_2^-$ et H_3O^+/H_2O.

$CH_3CO_2H_{(aq)} + H_2O_{(\ell)} \rightleftarrows CH_3CO^-_{2(aq)} + H_3O^+_{(aq)}$

$$K_A = \frac{[CH_3CO_2^-]_{éq} \times [H_3O^+]_{éq}}{[CH_3CO_{2H}]_{éq}}$$

b.

	$CH_3CO_2H_{(aq)}$ +	$H_2O_{(\ell)}$ $\rightleftarrows$	$CH_3CO^-_{2(aq)}$ +	$H_3O^+_{(aq)}$
État initial	n_o	excès	0	0
État final	$n_0 - x_f$	excès	x_f	x_f

• Quantité initiale d'acide dans 100 mL :
$n_0 = C \times V = 5{,}0 \times 10^{-2} \times 0{,}100 = 5{,}0 \times 10^{-3}$ mol.

• Dans l'état final pH = 3,0 d'où $[H_3O+] = 1{,}0 \times 10^{-3}\ mol \cdot L^{-1}$
soit $n(H_3O^+) = [H_3O^+] \times V = 1{,}0 \times 10^{-3} \times 0{,}100 = 1{,}0 \times 10^{-4}$ mol.

• D'après le tableau d'avancement dans l'état final :
$n(H_3O^+) = n(CH_3CO_2^-) = x_f = 1{,}0 \times 10^{-4}$ mol soit :
$[H_3O^+] = [CH_3CO_2^-] = 1{,}0 \times 10^{-3}\ mol \cdot L^{-1}$.
$n(CH_3CO_2H) = n_0 - x_f = 5{,}0 \times 10^{-3} - 1{,}0 \times 10^{-4}\ mol = 4{,}9 \times 10^{-3}$ mol :

$$[CH_3CO_2H] = \frac{n_{CH_3CO_2H}}{V} = \frac{4{,}9 \times 10^{-3}}{0{,}1} = 4{,}9 \times 10^{-2}\ mol \cdot L^{-1}.$$

$$\text{d'où : } K_A = \frac{1{,}0 \times 10^{-3} \times 1{,}0 \times 10^{-3}}{4{,}9 \times 10^{-2}} = 2{,}0 \times 10^{-5}$$

soit $pK_A = -\log(2{,}0 \times 10^{-5}) = 4{,}7$.

Force d'un acide ou d'une base dans l'eau

28

☐ OK

I Les acides et bases forts et faibles

- Un acide HA ou une base A^- qui réagit avec l'eau par une réaction totale est qualifié d'acide fort ou de base forte.

$HA_{(aq)} + H_2O_{(\ell)} \rightarrow H_3O^+_{(aq)} + A^-_{(aq)}$ $\quad$ $A^-_{(aq)} + H_2O_{(\ell)} \rightarrow HA_{(aq)} + HO^-_{(aq)}$.

Exemples : Acides forts : gaz chlorure d'hydrogène HCl ; acide nitrique HNO_3. Bases fortes : hydroxyde de sodium NaOH ; ion éthanolate $C_2H_5O^-$.

- Un acide HA ou une base A^- est faible si sa réaction avec l'eau conduit à un état d'équilibre avec $\tau < 1$.

$HA_{(aq)} + H_2O_{(\ell)} \rightleftarrows H_3O^+_{(aq)} + A^-_{(aq)}$ $\quad$ $A^-_{(aq)} + H_2O_{(\ell)} \rightleftarrows HA_{(aq)} + HO^-_{(aq)}$.

Exemples : Les acides carboxyliques RCO_2H sont des acides faibles dans l'eau. Les ions carboxylate RCO_2^- et les amines RNH_2 sont des bases faibles dans l'eau.

II Classement des acides et des bases

- Un acide HA est d'autant plus fort que le taux d'avancement final τ de sa réaction avec l'eau est élevé ou que la constante d'acidité K_A de son couple est grande (ou que le pK_A est faible).

- Une base A^- est d'autant plus forte que le taux d'avancement final τ de sa réaction avec l'eau est élevé ou que la constante d'acidité K_A de son couple est faible (ou que le pK_A est grand).

À noter

Plus un acide HA d'un couple est fort plus sa base conjuguée A^- est faible.

- Les couples de l'eau : H_3O^+/H_2O et H_2O/HO^-

$H_3O^+ + H_2O \rightleftarrows H_2O + H_3O^+$ $\quad K_A = \dfrac{[H_3O^+]_{éq}}{[H_3O^+]_{éq}} = 1$ et $pK_A = 0$;

$H_2O + H_2O \rightleftarrows HO^- + H_3O^+$ $\quad K_A = K_e = [H_3O^+] \times [HO^-] = 10^{-14}$ et $pK_e = 14$.

H_3O^+ est l'acide le plus fort en solution aqueuse et HO^- est la base la plus forte en solution aqueuse.

- Pour tout couple acide faible/base faible : $1 < K_A < 10^{-14}$ ou $0 < pK_A < 14$.

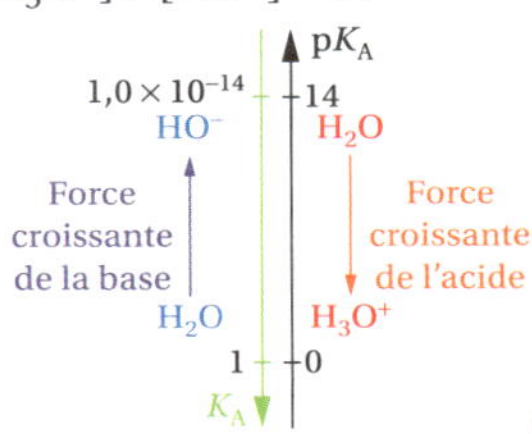

Méthode

Comparer la force de trois acides

On considère trois solutions aqueuses des acides HA_1, HA_2 et HA_3, toutes trois à la concentration de $1{,}0 \times 10^{-3}$ mol · L^{-1}. La mesure, dans un ordre quelconque, du pH de chaque solution donne les valeurs : 3,0 ; 3,6 et 6,1. HA_2 est un acide fort.

a. Attribuer un pH à la solution de HA_2.

b. Puis, classer ces acides par force croissante et associer un pH à chaque solution.

Données à 25 °C : $K_{A_1}(HA_1/A_1^-) = 6{,}3 \times 10^{-5}$, $pK_{A_3}(HA_3/A_3^-) = 9{,}2$.

Conseils

a. Définissez un acide fort.

b. Plus un acide est fort, à même concentration, plus son pH sera petit.

SOLUTION

a. $HA_{(aq)} + H_2O_{(\ell)} \rightarrow H_3O^+_{(aq)} + A^-_{(aq)}$. Un acide est fort si sa réaction avec l'eau est totale. Si on dissout *n* mol d'acide fort dans un volume *V*, on retrouve *n* mol d'ions oxonium en solution.

$$C_{(\text{apportée})} = \frac{n}{V} \text{ et } [H_3O^+] = \frac{n}{V} = C \text{ ; pH} = \frac{-\log[H_3O^+]}{c^0} = \frac{-\log C}{c^0}$$

$\text{pH} = \dfrac{-\log(1{,}0 \times 10^{-3})}{1{,}0} = 3{,}0$. HA_2 est un acide fort, libérant des H_3O^+ dans l'eau par une réaction totale. Cette solution a un pH de 3,0.

b. Les deux autres acides ayant un pH > 3 sont des acides faibles. Pour comparer la force de deux acides, on compare les K_A ou pK_A : $K_{A_1} = 6{,}3 \times 10^{-5}$ soit $pK_{A_1} = -\log(6{,}3 \times 10^{-5}) = 4{,}2$ et $pK_{A_3} = 9{,}2$ soit $K_{A_3} = 10^{-9{,}2} = 6{,}3 \times 10^{-10}$. On constate que $K_{A_1} > K_{A_3}$ ou $pK_{A_1} < pK_{A_3}$ donc l'acide HA_1 est un acide plus fort que l'acide HA_3. $HA_{(aq)} + H_2O_{(\ell)} \rightleftarrows H_3O^+_{(aq)} + A^-_{(aq)}$ Plus K_A est grand, plus la réaction est déplacée dans le sens direct donc dans le sens de la formation des ions H_3O^+. $HA_{(aq)} + H_2O_{(\ell)} \underset{\text{sens direct}}{\rightleftarrows} H_3O^+_{(aq)} + A^-_{(aq)}$

$$K_A = \frac{[A^-]_{éq} \times [H_3O^+]_{éq}}{[HA]_{éq}} \text{ et } K_{A1} > K_{A3}.$$

La réaction de HA_1 avec l'eau sera donc plus déplacée dans le sens direct ce qui produira plus d'ions H_3O^+ et donnera un pH plus petit. D'où $pH_1 = 3{,}6$ et $pH_3 = 6{,}1$. L'acide fort HA_2 aura le pH le plus petit soit la concentration $[H_3O^+]$ la plus grande.

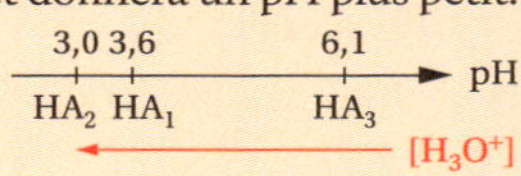

Diagrammes de prédominance et de distribution

29

☐ OK

I Diagrammes de prédominance et de distribution

- **Diagramme de prédominance :** pour le couple HA/A^-, on a

$$K_A = \frac{[A^-]_{éq} \times [H_3O^+]_{éq}}{[HA]_{éq}} \text{ ou } pH = pK_A + \log\frac{[A^-]_{éq}}{[HA]_{éq}}.$$

• L'espèce A^- prédomine si : $[A^-] > [HA]$ donc si $\frac{[A^-]}{[HA]} > 1$ soit $pH > pK_A$ car $\log\left(\frac{[A^-]}{[HA]}\right) > 0$.

• L'espèce HA prédomine si : $[HA] > [A^-]$ donc si $\frac{[A^-]}{[HA]} < 1$ soit $pH < pK_A$ car $\log\left(\frac{[A^-]}{[HA]}\right) < 0$.

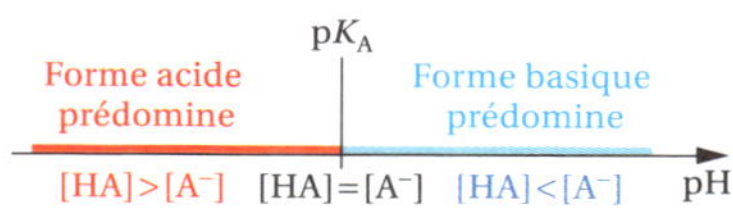

• Si $[HA] = [A^-]$ alors $pH = pK_A$ car $\log\left(\frac{[A^-]}{[HA]}\right) = 0$.

- **Diagramme de distribution :** le pourcentage d'acide HA en solution est $[HA]$ et celui de la base A^- est $[A^-]$. Ils sont représentés en fonction du pH. Pour 50 % d'acide et de base conjuguée, on peut lire la valeur du pK_A du couple.

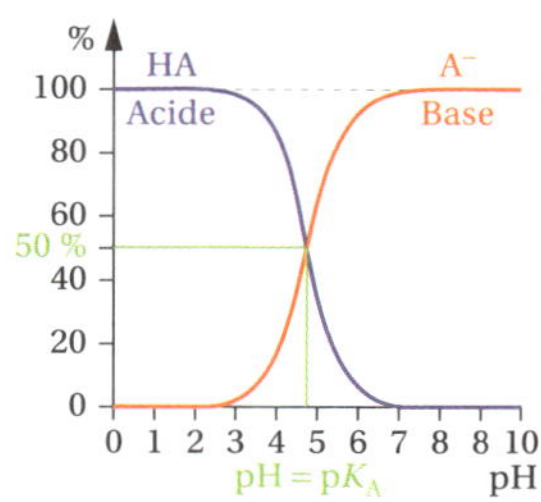

II Zone de virage d'un indicateur coloré

- Un **indicateur coloré** est un couple $HInd/Ind^-$ dont la forme acide HInd et la forme basique Ind^- ont des couleurs différentes.
- On appelle **zone de virage** l'intervalle de pH pour lequel la couleur de l'indicateur coloré est la superposition des deux teintes.

Exemple : bleu de bromothymol ($pK_A = 7,1$) :

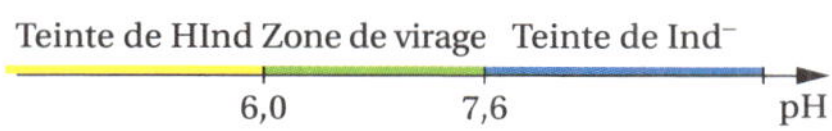

- Un indicateur coloré permet de repérer l'équivalence d'un titrage acido-basique si le pH à l'équivalence est contenu dans la zone de virage.

Méthode

Déterminer la zone de virage d'un indicateur coloré

Le vert de bromocrésol est un indicateur coloré acido-basique. C'est un couple acide-base dont la forme acide est jaune tandis que la forme basique est bleue. On considère que le vert de bromocrésol prend sa teinte acide lorsque [HInd]/[Ind⁻] > 10 et qu'il prend sa teinte basique lorsque [Ind⁻]/[HInd] > 10.

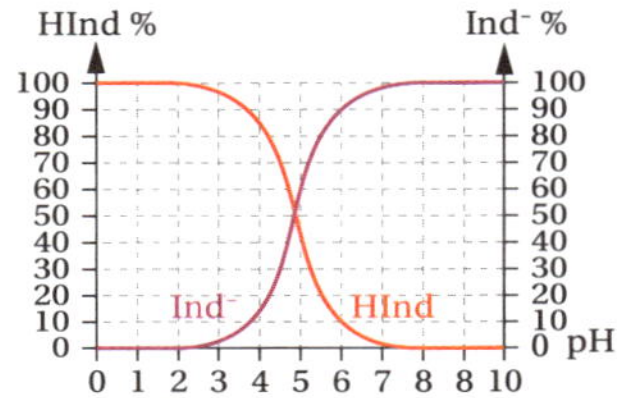

Déterminer la zone de virage du vert de bromocrésol.

Conseils

Déterminez le pK_A et les valeurs de pH quand $\frac{[Ind^-]_{éq}}{[HInd]_{éq}} > 10$ et quand $\frac{[Ind^-]_{éq}}{[HInd]_{éq}} < 10$.

SOLUTION

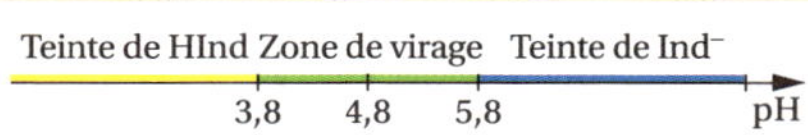

Pour 50 % d'acide et de base on lit pH = pK_A = 4,8.

Si $\frac{[Ind^-]_{éq}}{[HInd]_{éq}} = 10$ alors $pH = pK_A + \log 10 = pK_A + 1$ et si $\frac{[Ind^-]_{éq}}{[HInd]_{éq}} = \frac{1}{10}$ alors $pH = pK_A - 1$.

La zone de virage est donc comprise entre 3,8 et 5,8.

Solution tampon

30

☐ OK

I Définition et préparation d'une solution tampon

- Une **solution tampon** est une solution dont le pH varie peu lorsqu'on y ajoute une petite quantité d'acide fort, de base forte ou lorsqu'on la dilue de façon modérée.
- Une solution tampon contient un acide faible HA et sa base conjuguée A^- en concentrations voisines : son pH est donc voisin du pK_A de ce couple.
- Le pH d'une solution tampon contenant un mélange **équimolaire** d'un acide faible et de sa base conjuguée est égal au pK_A du couple correspondant. Son pouvoir tampon est alors maximal.
- Il existe trois méthodes de préparation :
  - en réalisant un mélange équimolaire d'un acide faible et de sa base conjuguée ;
  - à partir d'un acide faible sur lequel on fait réagir une base forte pour former la base conjuguée A^- : $HA_{(aq)} + HO^-_{(aq)} \rightarrow A^-_{(aq)} + H_2O_{(\ell)}$;
  - à partir d'une base faible sur laquelle on fait réagir un acide fort pour former l'acide conjugué HA : $A^-_{(aq)} + H_3O^+_{(aq)} \rightarrow HA_{(aq)} + H_2O_{(\ell)}$.

> **À noter**
> La réaction entre un acide faible et une base forte ou une base faible et un acide fort est une réaction totale.

- Le couple acide-base est choisi de telle sorte que son pK_A soit proche du pH de la solution que l'on souhaite obtenir.
- Les concentrations en acide faible et base faible doivent être au moins supérieures à $1{,}0 \times 10^{-3}$ mol · L^{-1} pour que la solution tampon soit efficace.

II Exemples

- Les **solutions étalons** utilisées pour étalonner les pH-mètres sont des solutions tampons.
- Le **tampon sanguin** le plus important est le couple : dioxyde de carbone dissout/ion hydrogénocarbonate $CO_2,H_2O_{(aq)}/HCO_3^-{}_{(aq)}$ de $pK_A = 6{,}3$ à 37 °C.

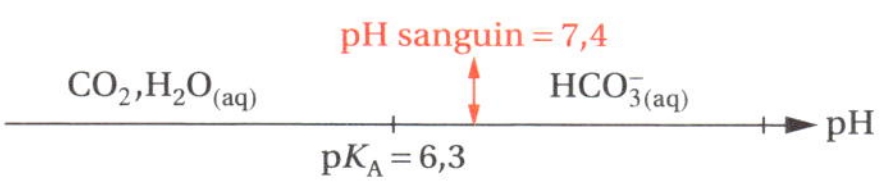

Méthode

Préparer une solution tampon

On prépare une solution tampon en mettant dans un bécher 50,0 mL d'une solution d'ammoniaque NH_3 à 1,0 mol · L^{-1} et 50,0 mL d'une solution de chlorure d'ammonium ($NH^+_{4(aq)} + Cl^-_{(aq)}$) à 1,0 mol · L^{-1} (pK_A (NH_4^+/NH_3) = 9,26).

a. Calculer le pH de cette solution.

b. On prépare cette même solution tampon en additionnant un volume V' d'une solution d'acide chlorhydrique à 1,0 mol · L^{-1} dans 50,0 mL d'une solution d'ammoniaque NH_3 à 1,0 mol · L^{-1}. Quel volume doit-on ajouter ? Justifier.

Conseils

a. Utilisez la relation $pH = pK_A + \log\frac{[A^-]_{éq}}{[HA]_{éq}}$.

b. La réaction entre une base faible et un acide fort est une réaction totale.

SOLUTION

a. $pH = pK_A + \log\frac{[NH_3]_{éq}}{[NH_4^+]_{éq}}$; on mélange les mêmes volumes de même concentration donc $[NH_3] = [NH_4^+] = \frac{CV}{2V} = \frac{C}{2}$. On a réalisé un mélange équimolaire en acide et base conjuguée donc $pH = pK_A = 9{,}26$.

b. La réaction étant totale, pour préparer un mélange équimolaire en NH_3 et NH_4^+ il faut faire réagir la moitié de la quantité initiale de NH_3.

$$n(H_3O^+)_i = \frac{n(NH_3)_i}{2} = \frac{C \times V}{2} = C \times V'.$$

Donc $V' = \frac{V}{2} = 25$ mL.

Pour 50 mL de solution d'ammoniaque il faut ajouter 25 mL d'acide chlorhydrique de même concentration.

$NH_3 + H_3O^+ \rightarrow NH_4^+ + H_2O$			
n	$\frac{n}{2}$	0	excès
$\frac{n}{2}$	0	$\frac{n}{2}$	excès

Quiz EXPRESS

31

Avez-vous bien révisé les fiches 27 à 30 ? On vérifie !

1 Constante d'acidité d'un couple acide-base

▶ FICHE 27

1. La constante d'acidité d'un couple acide-base HA/A⁻ est :

☐ **a.** $K_A = \dfrac{[HA]_{éq} \times [H_3O^+]_{éq}}{[A^-]_{éq}}$ ☐ **b.** $K_A = \dfrac{[A^-]_{éq} \times [H_3O^+]_{éq}}{[HA]_{éq}}$

2. Un couple acide-base a un $pK_A = 2{,}7$, sa constante d'acidité est égale à :

☐ **a.** $5{,}0 \times 10^2$ ☐ **b.** $6{,}7 \times 10^{-2}$ ☐ **c.** $2{,}0 \times 10^{-3}$

2 Force d'un acide ou d'une base dans l'eau

▶ FICHE 28

À concentration égale, la solution qui correspond à la base la plus forte est celle qui a la valeur :

☐ **a.** du pH la plus grande. ☐ **b.** du pH la plus petite.

☐ **c.** du pK_A la plus grande. ☐ **d.** du pK_A la plus petite.

3 Diagrammes de distribution

▶ FICHE 29

Sur le diagramme ci-contre :

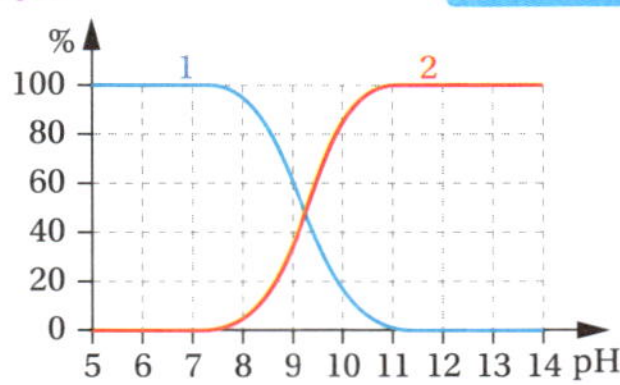

☐ **a.** la courbe bleue correspond au pourcentage de base A^- et la rouge à celle de l'acide HA

☐ **b.** le pK_A du couple est de 7

☐ **c.** à pH = 10 on est dans le domaine de prédominance de la base A^- du couple.

4 Solution tampon

▶ FICHE 30

Une solution tampon :

☐ **a.** contient un mélange d'acides faibles.

☐ **b.** peut se préparer en faisant réagir une base forte sur un acide faible.

☐ **c.** a un pH qui ne varie pas si on ajoute une petite quantité d'un acide fort.

CORRIGÉS

1 Constante d'acidité d'un couple acide-base

1. Réponse b. K_A correspond à la constante d'équilibre de la réaction de l'acide HA avec l'eau : $HA + H_2O \rightleftarrows A^- + H_3O^+$.

2. Réponse c. $pK_A = -\log K_A$ soit $K_A = 10^{-pK_A} = 10^{-2,7} = 2,0 \times 10^{-3}$.

2 Force d'un acide ou d'une base dans l'eau

Réponses a et c. Pour un couple acide base HA/A^- de constante d'acidité $K_A = \dfrac{[A^-]_{éq} \times [H_3O^+]_{éq}}{[HA]_{éq}}$, plus l'acide est fort plus K_A est grand car plus cet acide HA produit des ions H_3O^+ dans l'eau et donc plus le pH est petit. Or plus l'acide HA est fort plus sa base conjuguée A^- est faible. À concentration égale, la solution qui correspond à la base la plus forte a donc le K_A le plus faible ou le pK_A le plus grand soit le pH le plus grand.

3 Diagrammes de distribution

Réponse c. La proposition **a** est incorrecte car plus le pH est faible et plus la proportion d'acide HA augmente. La courbe bleue correspond donc au pourcentage de l'acide HA et la courbe rouge à celle de la base.

La proposition **b** est incorrecte car $pH = pK_A$ si $[HA] = [A^-]$ c'est-à-dire lorsque l'on a 50 % d'acide et base conjuguée soit $pK_A = 9,2$.

La proposition **c** est correcte car à $pH = 10$, $pH > pK_A$ donc on est dans le domaine de prédominance de la base A^- du couple.

À noter

$pH = pK_A + \log([base]/[acide])$

4 Solution tampon

Réponses b et c.

La proposition **a** est incorrecte car une solution tampon doit contenir l'acide HA et sa base conjuguée A^-.

La proposition **c** est correcte : $HA + HO^- \rightarrow A^- + H_2O$. On peut donc ajouter la quantité de base nécessaire pour que la moitié de l'acide HA initial réagisse et donne donc sa base conjuguée A^-.

Distinguer les molécules organiques

32

☐ OK

I Les différents squelettes carbonés

■ Si un des atomes de carbone est lié à au moins trois atomes de carbone, la molécule est **ramifiée**. Si les atomes de carbone forment une boucle, elle est **cyclique**.

Famille	Structure	Exemple
alcane	linéaire	$CH_3—CH_2—CH_2—CH_2—CH_2—CH_3$
	ramifiée	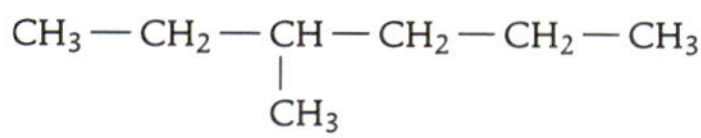
cyclane	cyclique	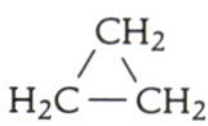

■ Un squelette carboné est **saturé** si tous ses atomes de carbone sont reliés par des liaisons simples (alcane). Il est **insaturé** s'il contient au moins une liaison multiple.

Famille	Structure	Exemple
alcène	insaturée avec double(s) liaison(s)	$CH_3—CH=CH—CH_2—CH_2—CH_3$
alcyne	insaturée avec triple(s) liaison(s)	$CH_3—CH_2—C \equiv C—CH_2—CH_3$

II Structure spatiale des molécules

Des molécules organiques qui possèdent la même formule brute mais qui ont des formules semi-développées différentes sont des **isomères de constitution**.

Isomérie	Caractéristiques
de chaîne	Les squelettes carbonés sont différents.
de position	Les groupes fonctionnels, les liaisons multiples ou les ramifications sont placés à des endroits différents.
de fonction	Les groupes fonctionnels sont différents.

Méthode

Représenter des formules topologiques d'isomères de constitution

La formule brute du pentan-1-ol et du 3-méthylbutan-1-ol est $C_5H_{12}O$.

a. Donner les formules semi-développées de ces molécules.

b. Donner la formule topologique de ces molécules.

c. Indiquer de quel type d'isomères il s'agit.

Conseils

Dans une formule topologique, la chaîne carbonée est représentée par une ligne brisée où chaque segment représente une liaison. Les doubles liaisons sont représentées par un double segment et les triples liaisons par un triple segment. Les liaisons avec l'hydrogène ne sont pas représentées. Sauf indication contraire, un atome de carbone se trouve à chaque sommet de la ligne brisée. Tous les éléments chimiques sont représentés sauf les atomes de carbone ainsi que les atomes d'hydrogène liés à du carbone.

SOLUTION

a. Le pentan-1-ol a un squelette carboné saturé de 5 atomes de carbone avec un groupe –OH sur le 1er. Sa formule semi-développée est :

$$^{5}CH_3-{}^{4}CH_2-{}^{3}CH_2-{}^{2}CH_2-{}^{1}CH_2-OH.$$

Le 3-méthylbutan-1-ol a un squelette carboné saturé de 4 atomes de carbone avec un groupe –OH sur le 1er et un groupe méthyl sur le 3e. Sa formule semi-développée est :

$$HO-{}^{1}CH_2-{}^{2}CH_2-{}^{3}\underset{\displaystyle CH_3}{\underset{|}{CH}}-{}^{4}CH_3$$

b. Le pentan-1-ol contient 4 liaisons C–C et en bout de chaîne une liaison C–OH. Sa formule topologique est donnée ci-contre.

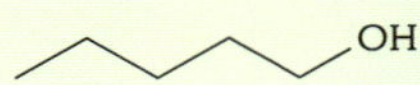

La chaîne principale du 3-méthylbutan-1-ol contient 3 liaisons C–C et une liaison C–OH. Sur le 3e atome de carbone, il y a le groupe méthyl. Sa formule topologique est donnée ci-contre.

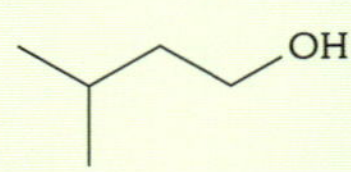

c. Les deux molécules ont les mêmes groupes fonctionnels (–OH), mais des squelettes carbonés différents (4 atomes pour l'une et 5 pour l'autre) : il s'agit d'isomères de chaîne.

Familles fonctionnelles de molécules organiques

33

☐ OK

I Molécules organiques oxygénées

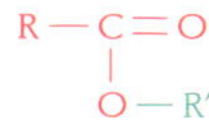

- Les esters contiennent un groupe carbonyle (C=O). Le carbone fonctionnel est lié à un groupe alkyle R et à un atome d'oxygène O lui-même lié à un groupe alkyle R′.

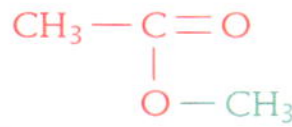

Éthanoate de méthyle

- Le nom de l'ester dérive de ceux des alcanes de même chaîne carbonée que les groupes R-CO_2- et -R′. On remplace le « e » final par « oate » pour le premier alcane et le « ane » final « yle » pour le second.

II Molécules organiques azotées ou halogénées

- Plusieurs familles contiennent des atomes d'azote ou des halogènes.

Amine	Amide	Halogénoalcane
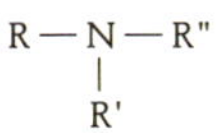	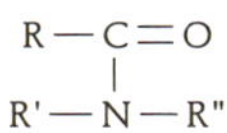	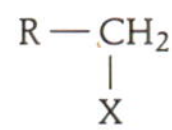 X : halogène

À noter

On distingue trois types d'amines et d'amides, en fonction de la composition de leurs groupes R′ et R‴ : primaires (2 H), secondaires (1 H) et tertiaires (aucun H).

- Le nom d'une amine primaire dérive de celui de l'alcane de même chaîne carbonée. L'indice de position du groupe de l'azote doit être égal à un. On remplace le « e » final du nom de l'alcane par la terminaison « amine ».

- Le nom d'un amide primaire dérive de celui de l'acide carboxylique de même chaîne carbonée. On remplace la terminaison finale « oïque » de l'acide par la terminaison « amide » et on supprime le mot « acide ».

- Le nom d'un halogénoalcane est : soit constitué d'un préfixe issu du nom de l'halogène de la molécule (fluoro, chloro, etc.) avant le nom de l'alcane constituant le squelette carboné ; soit un terme de la forme « halogénure de » (fluorure de, chlorure de, etc.) suivi du nom de l'alcane constituant le squelette carboné ; soit un nom d'usage.

Méthode

Nommer des esters ou des amides

Donner le nom des molécules aux formules semi-développées suivantes.

a. 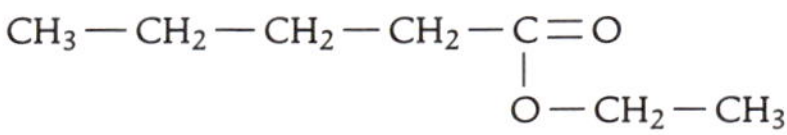

b. 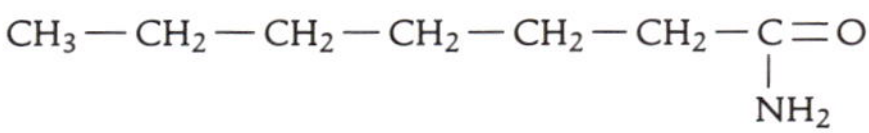

Conseils

Commencez par identifier la famille à laquelle la molécule appartient.

a. Pour nommer un ester :

- repérez les deux parties de la molécule : la partie reliée à l'atome de carbone portant le groupe carbonyle et la partie reliée à l'atome d'oxygène ;
- déterminez le nom de l'alcane que formerait chaque partie si elle était indépendante ;
- composez le nom de l'ester en cumulant les noms des deux alcanes indépendants tout en remplaçant le « e » final du nom de l'alcane de la première partie par le suffixe « oate » et la terminaison « ane » du nom de l'alcane de la seconde partie par le suffixe « yle ».

b. Pour nommer un amide :

- déterminez le nom de l'acide carboxylique que l'on aurait en remplaçant $-NH_2$ par $-OH$;
- supprimez le mot « acide » et remplacez la terminaison « oïque » par « amide ».

SOLUTION

a. On remarque une fonction carbonyle portée par un atome de carbone également lié à un atome d'oxygène : il s'agit d'un ester.
La première partie de la molécule formerait un alcane avec un squelette de 5 atomes : du pentane. La seconde partie de la molécule formerait un alcane avec un squelette de 2 atomes : de l'éthane.
Le nom de cette molécule est donc pentanoate d'éthyle.

b. On remarque une fonction carbonyle portée par un atome de carbone également lié à un atome d'azote : il s'agit d'un amide.
L'acide carboxylique que nous aurions si on remplaçait $-NH_2$ par $-OH$ contiendrait un squelette carboné de 7 atomes, il s'agirait de l'acide heptanoïque.
Le nom de cette molécule est donc heptanamide.

La structure électronique des molécules

34

☐ OK

I L'électronégativité des atomes

- Les atomes ont une tendance plus ou moins grande à attirer vers eux les électrons d'une liaison covalente. Cette propriété est liée à l'électronégativité des atomes mis en jeu dans la liaison (voir programme de Première).

À noter

Deux atomes d'une molécule sont reliés entre eux par des électrons mis en commun par chaque atome. Les deux électrons ainsi partagés constituent un doublet électronique liant, appelé liaison covalente.

- Dans une liaison, l'atome le plus électronégatif porte un excès de charge négative noté $-q$ tandis que l'autre atome porte un défaut de charge négative noté $+q$.

Exemples :

Éthylamine

$CH_3 - \overset{+q}{CH_2} - \overset{-q}{NH_2}$

Acide éthanoïque

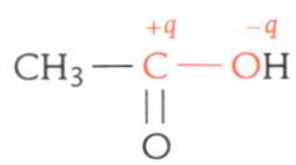

- Dans une molécule, un site pauvre en électrons est susceptible d'accepter des électrons tandis qu'un site riche en électrons est susceptible d'en donner.

II Les différents types de réactifs

Il existe plusieurs sortes de réactifs. En terminale, on se limitera aux réactifs nucléophiles et électrophiles.

- Les réactifs nucléophiles (notés $Nu^{\ominus}$) sont des molécules ou des ions négatifs possédant, au moins, un doublet libre. Ce doublet libre permettra d'établir une liaison avec un réactif pauvre en électrons. La partie de la molécule ou de l'ion riche en électrons est un centre nucléophile (donneur d'électrons).

Exemple : ion hydroxyde $H\overline{\underline{O}}|^{\ominus}$; molécule d'eau $H_2\overline{\underline{O}}$.

- Les réactifs électrophiles (notés $E^{\oplus}$) sont des molécules ou des ions positifs susceptibles de réagir en établissant une liaison avec un réactif amenant un doublet libre. La partie pauvre de la molécule ou de l'ion en électrons est un centre électrophile (accepteur d'électrons).

Exemple : ion hydrogène $H^{\oplus}$; chlorure d'aluminium $AlCl_3$.

Méthode

Reconnaître des centres électrophiles et nucléophiles d'une molécule

On dispose des formules semi-développées de deux molécules :

éthanol : CH_3–CH_2–O–H et méthanoate de methyl :

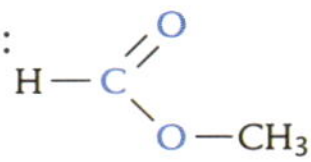

Données : électronégativité de quelques atomes :

Atome	H	C	O
Électronégativité	2,2	2,5	3,5

1. a. Indiquer les excès ou défauts de charge négative portés par les atomes en bleu sur la formule de l'éthanol.

b. Indiquer les excès ou défauts de charge négative portés par les atomes en bleu sur la formule du méthanoate de méthyl.

2. L'atome d'oxygène de l'éthanol est-il un site nucléophile ou un site électrophile ? Et l'atome de carbone en bleu du méthanoate de méthyl ?

Conseils

1. a. et **b.** Comparez les valeurs de l'électronégativité des atomes impliqués dans la liaison considérée. L'atome le plus électronégatif portera un excès de charge négative noté $-q$ tandis que l'autre atome portera un défaut de charge négative noté $+q$.

2. a. et **b.** Un site électrophile est un atome pauvre en électrons. Un site nucléophile est un atome riche en électrons.

SOLUTION

1. a. D'après les données, l'électronégativité de l'oxygène est supérieure à celle de l'hydrogène : il s'agit du plus électronégatif des deux.

$$CH_3 - CH_2 - \overset{-q}{O} - \overset{+q}{H}$$

b. D'après les données, l'électronégativité de l'oxygène est supérieure à celle du carbone : il s'agit du plus électronégatif des deux.

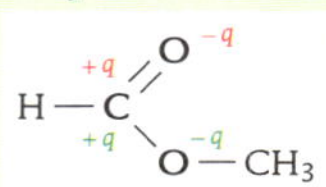

2. L'atome d'oxygène de l'éthanol porte un excès de charge négative : c'est un site nucléophile. L'atome de carbone du méthanoate de méthyl porte un défaut de charge négative : c'est un site électrophile.

Modification des molécules organiques

35

☐ OK

I Modifier les liaisons d'une molécule

Réactions de substitution

Substitution nucléophile S_N	Substitution électrophile S_E
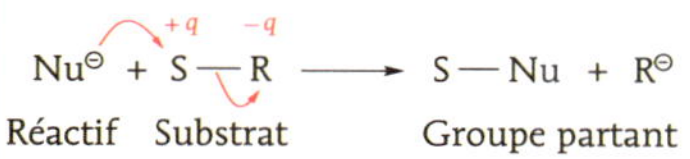	

Réactions d'addition

Addition nucléophile A_N	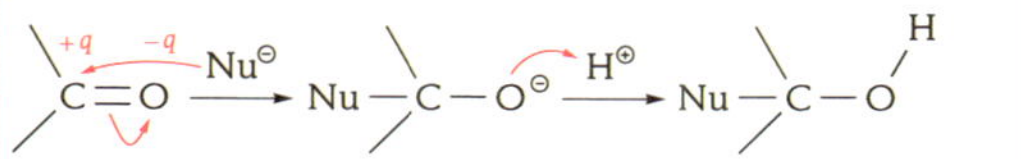
Addition électrophile A_E	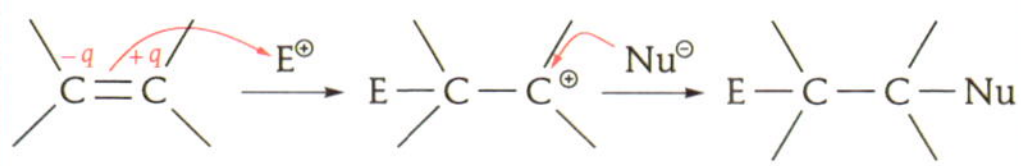

Réactions d'élimination

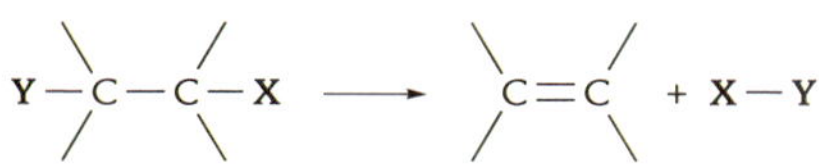

II Modifier la longueur d'une molécule

- Le craquage thermique casse les molécules à longues chaînes.
- Lors d'une alkylation, un atome d'hydrogène est remplacé par un groupe alkyle.
- Lors d'une ramification, une chaîne linéaire devient ramifiée.
- La cyclisation transforme un alcane linéaire en alcane à chaîne fermée.
- La polymérisation est une addition de molécules toutes identiques (les monomères) comportant une double liaison C=C, qui vont se lier. Elle conduit à une macromolécule appelée polymère :

$n\text{CHR}{=}\text{CHR}' \longrightarrow \left(\text{CHR}{-}\text{CHR}'\right)_n$ avec n le degré de polymérisation.
(monomère → polymère)

Méthode

Identifier le mécanisme d'une réaction

On souhaite comprendre le mécanisme mis en jeu lors de la synthèse d'un amide à partir d'un chlorure d'acide. On dispose des formules semi-développées des réactifs et des produits.

• Réactifs :

chlorure d'éthanoyle :

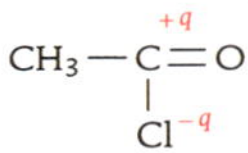

propanamine :

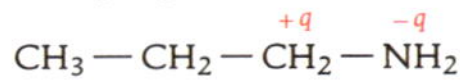

• Produits :

éthanamide :

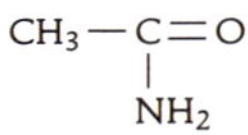

chloropropane :

$CH_3-CH_2-CH_2-Cl$

a. À l'aide des formules semi-développées faisant apparaître les excès et les défauts de charge négative des réactifs, indiquer les déplacements des électrons au cours de la réaction.

b. Quel est le type de la réaction étudiée ?

Conseils

a. Les flèches courbes indiquent le déplacement des électrons du site donneur vers le site accepteur ▶ FICHE 14. Ces flèches doivent être en accord avec les formules des produits obtenus.

b. La formule du produit, ici l'éthanamide, permet de trouver le type de réaction ayant eu lieu.

SOLUTION

a. Les déplacements d'électrons sont les suivants :

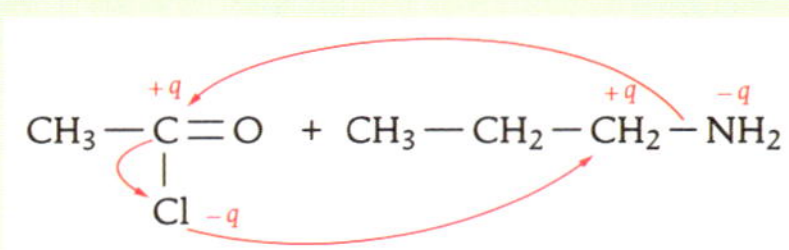

b. On constate que pour obtenir l'éthanamide, l'atome de chlore Cl a été remplacé par le groupe amine $-NH_2$ dans le chlorure d'éthanoyle : il s'agit donc d'une réaction de substitution nucléophile (le groupe amine porte un excès de charge négative, il est donc nucléophile).

Optimisation d'une étape de synthèse

36

☐ OK

I Diminuer la durée de la transformation

- **Augmenter la température.** La température est un facteur cinétique. La vitesse de la réaction est une fonction croissante de la température. La durée est d'autant plus petite que la température est grande.
- **Utiliser un catalyseur.** Il s'agit d'une espèce chimique qui augmente la vitesse de la réaction sans intervenir dans son bilan ▶ FICHE 12.

II Augmenter le rendement de la transformation

- Mettre un des réactifs (le moins cher) en **grand excès** devant l'autre.
- **Éliminer un des produits** au cours de la transformation.
- **Protéger/déprotéger.** Dans une synthèse organique, les réactifs peuvent contenir plusieurs groupes caractéristiques tous susceptibles de réagir. Pour que seule la fonction voulue réagisse, avant de démarrer la synthèse on modifie (protège) les autres fonctions de la molécule. Une fois la synthèse terminée, il faut effectuer une déprotection pour retrouver les fonctions initiales protégées.

Exemple :

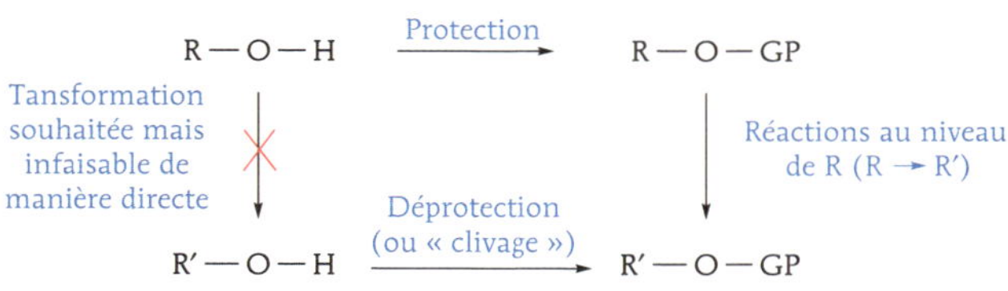

GP = groupe protecteur

À noter

- Le groupe protecteur doit :
  – réagir spécifiquement avec la fonction à protéger ;
  – être stable lors des réactions suivantes ;
  – pouvoir être enlevé facilement et de manière sélective, une fois la réaction effectuée.
- Le chimiste doit veiller à choisir une stratégie de protection-déprotection écologique et économique, par exemple en déprotégeant plusieurs groupes en une seule étape.

Méthode

Identifier les étapes de protection et déprotection d'une fonction

On considère les étapes de la synthèse du 1-(3-aminophényl) éthanone :

Étape 1 :

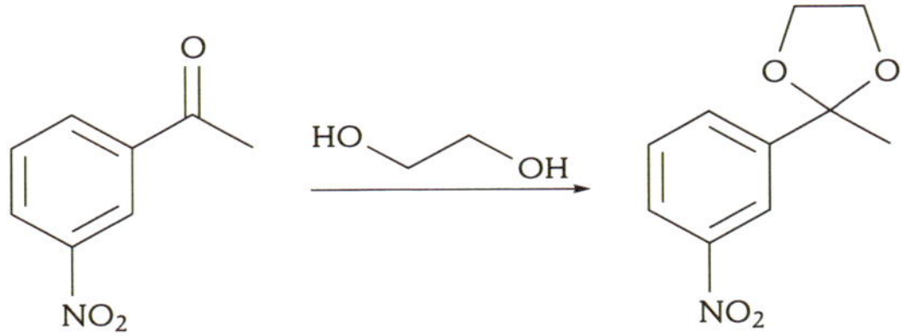

Étape 2 :

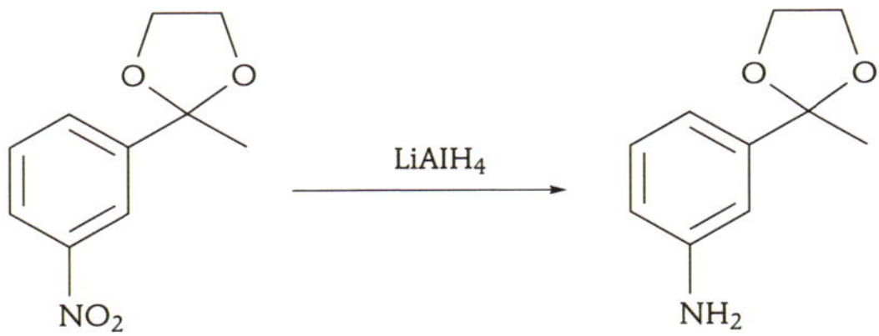

Étape 3 :

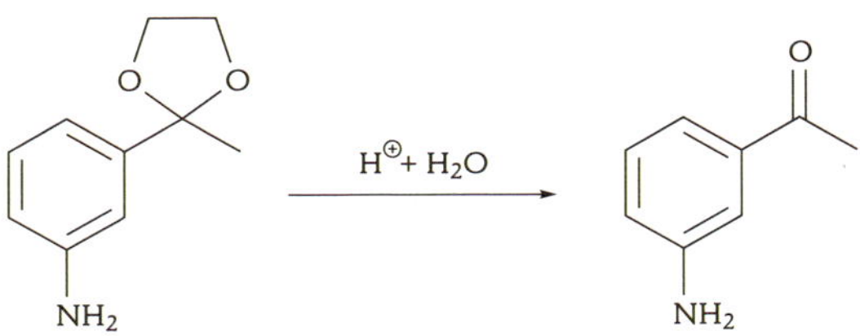

a. Quelle fonction est protégée ?

b. Quelle étape correspond à la protection d'une fonction ? Quelle étape correspond à la déprotection de la fonction initialement protégée ?

SOLUTION

a. On remarque que la fonction carbonyle est présente à la première étape et à la dernière : c'est donc la fonction qui a été protégée.

b. La première étape modifie la fonction carbonyle : c'est l'étape de protection. La dernière étape fait réapparaître la fonction carbonyle : c'est l'étape de déprotection.

Quiz EXPRESS

37

Avez-vous bien révisé les fiches 32 à 36 ? On vérifie !

1 Distinguer les molécules organiques

▶ FICHE 32

Une molécule au squelette carboné saturé et ramifié :

☐ **a.** a tous ses atomes de carbone alignés.

☐ **b.** a des liaisons multiples.

☐ **c.** peut contenir des atomes autres que carbone et hydrogène.

2 Familles fonctionnelles de molécules organiques

▶ FICHE 33

Une molécule de la famille des amides a une formule semi-développée de la forme :

☐ **a.** 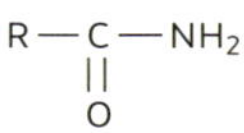

☐ **b.** $R-NH_2$

☐ **c.** 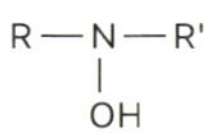

3 La structure électronique des molécules

▶ FICHE 34

L'électronégativité d'un atome A est inférieure à celle d'un atome B. Indiquer quelle est la répartition des charges correctes sur les atomes A et B liés.

☐ **a.** $\overset{+q}{A}-\overset{+q}{B}$ ☐ **b.** $\overset{-q}{A}-\overset{+q}{B}$ ☐ **c.** $\overset{+q}{A}-\overset{-q}{B}$

4 Modification des molécules organiques

▶ FICHE 35

Au cours d'une réaction, le chlorométhane CH_3Cl est transformé en méthanol CH_3OH. Il s'agit d'une réaction :

☐ **a.** d'addition. ☐ **b.** de substitution. ☐ **c.** d'élimination.

5 Optimisation d'une étape de synthèse

▶ FICHE 36

Pour optimiser une étape de synthèse, on peut :

☐ **a.** modifier provisoirement un des réactifs.

☐ **b.** diminuer la température.

☐ **c.** agiter le mélange réactionnel.

CORRIGÉS

1 Distinguer les molécules organiques

1. Réponse c. Une molécule qui ne contient que des liaisons simples et des ramifications peut contenir d'autres atomes que le carbone.

La proposition **a** est incorrecte car une molécule qui a tous ses atomes de carbone alignés est linéaire et non ramifiée.

La proposition **b** est incorrecte car une molécule qui a des liaisons multiples est insaturée.

2 Familles fonctionnelles de molécules organiques

Réponse a. Une molécule de la famille des amides a une formule semi-développée de la forme :

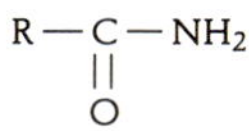

3 La structure électronique des molécules

Réponse c. Dans une liaison, l'atome dont l'électronégativité est la plus faible (ici A) portera un défaut de charge négative noté $+q$, l'atome dont l'électronégativité est la plus forte (ici B) portera un excès de charge négative noté $-q$, nous aurons donc :

$\overset{+q}{\text{A}} — \overset{-q}{\text{B}}$

4 Modification des molécules organiques

Réponse b. L'atome de chlore est remplacé par le groupe hydroxyde.

5 Optimisation d'une étape de synthèse

Réponse a. Pour optimiser une étape de synthèse, on peut modifier provisoirement un des réactifs afin de favoriser la réaction d'une fonction de la molécule par rapport aux autres, on peut également augmenter la température pour accélérer la réaction.

Les vecteurs position et vitesse 38

☐ OK

I Le vecteur position

- Le mouvement d'un point est étudié par rapport à un corps de référence appelé **référentiel** associé à un repère d'espace et un repère de temps (défini par une origine des dates t_0) et une unité de temps (la seconde dans le Système International).

Exemples : référentiel terrestre lié à la surface de la Terre, référentiel géocentrique lié au centre de la Terre, référentiel héliocentrique lié au Soleil.

- Un point mobile M est repéré dans un repère d'espace noté $(O ; \vec{i}, \vec{j}, \vec{k})$, constitué d'un point origine O fixe dans le référentiel et d'un système d'axes orthonormés. Sa position est définie par son **vecteur position** dont les coordonnées $(x ; y ; z)$ sont des fonctions de la date t :

$$\overrightarrow{OM} = x(t)\vec{i} + y(t)\vec{j} + z(t)\vec{k}$$

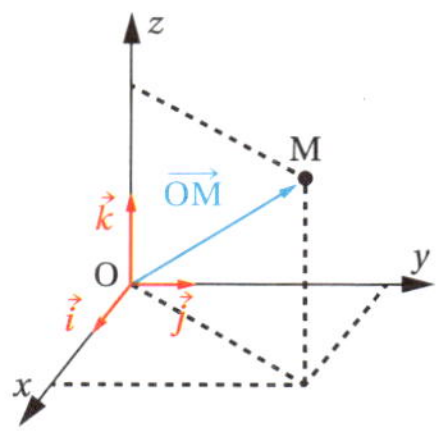

- Les fonctions du temps $x(t)$, $y(t)$ et $z(t)$ sont les **équations horaires** du mouvement.

II Le vecteur vitesse

- Le vecteur vitesse d'un point mobile M est la **dérivée du vecteur position** par rapport au temps : $\overrightarrow{v_M} = \dfrac{d\overrightarrow{OM}}{dt}$.

- Les **coordonnées** $(v_x ; v_y ; v_z)$ du vecteur vitesse sont les dérivées par rapport au temps des coordonnées $(x ; y ; z)$ de M :

$$\overrightarrow{v_M} = v_x\vec{i} + v_y\vec{j} + v_z\vec{k} = \frac{dx}{dt}\vec{i} + \frac{dy}{dt}\vec{j} + \frac{dz}{dt}\vec{k}$$

- Le vecteur vitesse $\overrightarrow{v_M}$ a pour :
  - **origine** : le point M ;
  - **direction** : la tangente au mouvement ;
  - **sens** : celui du mouvement ;
  - **valeur** : $v = \sqrt{v_x^2 + v_y^2 + v_z^2}$.

La valeur de la vitesse s'exprime en $m \cdot s^{-1}$.

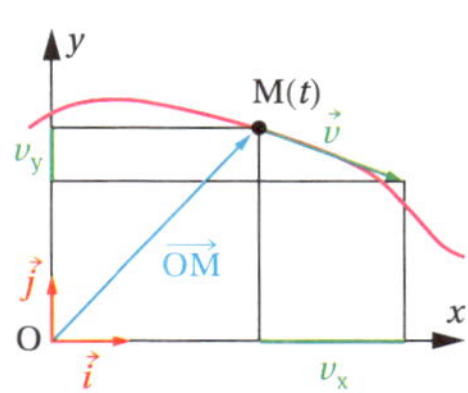

Méthode

Établir les coordonnées du vecteur vitesse à partir du vecteur position

La figure ci-dessous montre les positions successives, toutes les 0,5 s, d'un point mobile M en mouvement dans le plan (O, x, y).

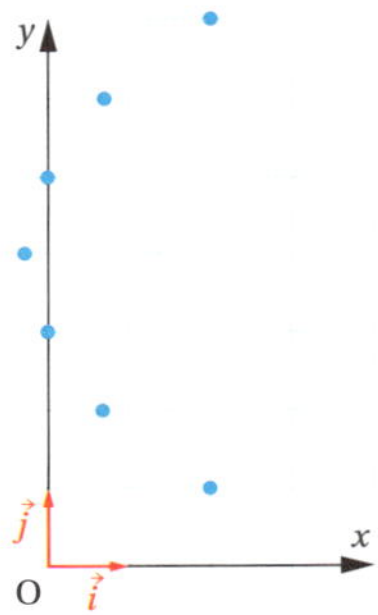

Les coordonnées du vecteur position $\overrightarrow{OM}$ varient en fonction du temps suivant les équations horaires :

$x(t) = t^2 - 3 \times t + 2$

$y(t) = 2 \times t + 1$

a. Indiquer la position M_0 de M à l'origine des dates $t = 0$ s.

b. Tracer le vecteur position $\overrightarrow{OM_0}$.

c. Déterminer les coordonnées du vecteur vitesse $\overrightarrow{v_M}$ à la date t.

d. Tracer $\overrightarrow{v_M}$ aux dates $t = 0$ s, $t = 1$ s et $t = 2$ s.

e. Quelles propriétés du vecteur vitesse retrouve-t-on sur ce tracé ?

Conseils

a. Pour déterminer une position à une date t, remplacez t par sa valeur dans les équations horaires.
b. Le vecteur position est tracé à partir de l'origine O.
c. Décrivez les équations horaires $x(t)$ et $y(t)$ du vecteur position.
d. Le vecteur vitesse est tracé à partir du point considéré à la date choisie.

SOLUTION

a. À $t = 0$ s, $x(0) = 2$ et $y(0) = 1$.

b. $\overrightarrow{OM_0}$ est tracé sur la figure ci-contre.

c. $v_x = \frac{dx}{dt} = 2 \times t - 3$ et $v_y = \frac{dy}{dt} = 2$.

Donc : $\overrightarrow{v_M} = (2t - 3)\vec{i} + 2\vec{j}$.

d. Coordonnées du vecteur vitesse :
- à $t = 0$ s, $v_x = -3$ et $v_y = 2$;
- à $t = 1$ s, $v_x = -1$ et $v_y = 2$;
- à $t = 2$ s, $v_x = 1$ et $v_y = 2$.

e. Le vecteur vitesse est bien tangent à la trajectoire et dans le sens du mouvement.

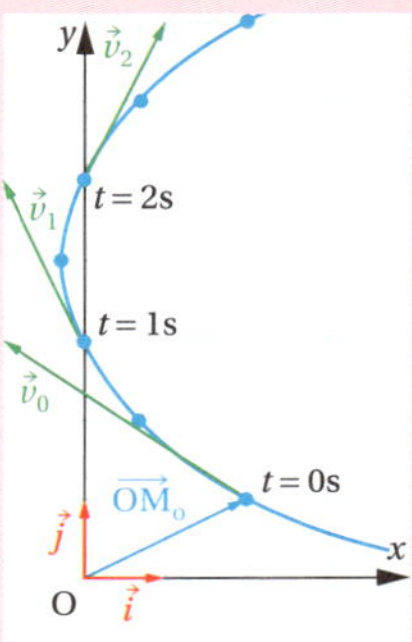

Le vecteur accélération

39

☐ OK

I Dans un repère cartésien

- Le vecteur accélération est la **dérivée du vecteur vitesse** par rapport au temps (dérivée seconde du vecteur position) : $\overrightarrow{a_M} = \frac{d\overrightarrow{v_M}}{dt} = \frac{d^2\overrightarrow{OM}}{dt^2}$.
- Les **coordonnées** $(a_x\,;a_y\,;a_z)$ de $\overrightarrow{a_M}$ sont les dérivées par rapport au temps t des coordonnées $(v_x\,;v_y\,;v_z)$ de $\overrightarrow{v_M}$ et les dérivées secondes des coordonnées $(x\,;y\,;z)$ du vecteur position $\overrightarrow{OM}$:

$$\overrightarrow{a_M} = a_x\vec{i} + a_y\vec{j} + a_z\vec{k} = \frac{dv_x}{dt}\vec{i} + \frac{dv_y}{dt}\vec{j} + \frac{dv_z}{dt}\vec{k} = \frac{d^2x}{dt^2}\vec{i} + \frac{d^2y}{dt^2}\vec{j} + \frac{d^2z}{dt^2}\vec{k}$$

- Le vecteur accélération $\overrightarrow{a_M}$ a pour :
  - **origine** : le point M ;
  - **direction et sens** : ceux du vecteur $\Delta\vec{v}$;
  - **valeur** : $a = \sqrt{a_x^2 + a_y^2 + a_z^2}$ (en $m \cdot s^{-2}$).

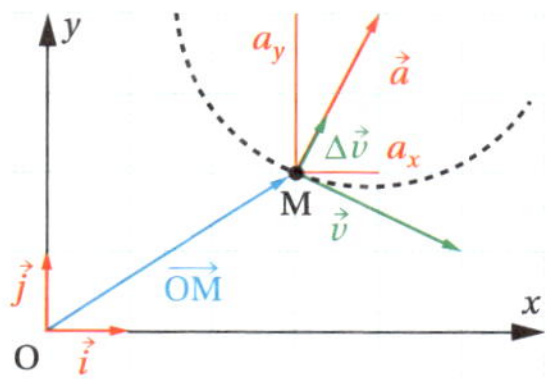

II Dans le repère de Frenet

Les **mouvements circulaires** sont souvent étudiés dans un repère lié au point mobile M, appelé repère de Frenet et noté $(M, \vec{t}, \vec{n})$:

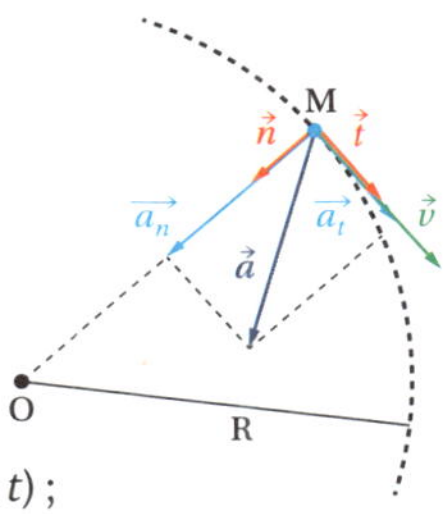

$\vec{v} = v\vec{t}$ (v valeur de la vitesse)

$$\vec{a} = \overrightarrow{a_t} + \overrightarrow{a_n} = a_t\vec{t} + a_n\vec{n} = \frac{dv}{dt}\vec{t} + \frac{v^2}{R}\vec{n}$$

$a_t = \frac{dv}{dt}$ ($\frac{dv}{dt}$: dérivée de la vitesse par rapport à t) ;

$a_n = \frac{v^2}{R}$ (R : rayon de la trajectoire).

À noter

- $\vec{t}$ et $\vec{n}$ sont deux vecteurs unitaires liés au point M. $\vec{t}$ est tangent à la trajectoire, dans le sens du mouvement et $\vec{n}$ est perpendiculaire à $\vec{t}$ et orienté vers l'intérieur de la trajectoire.
- $\frac{v^2}{R} > 0$, donc $\vec{a}$ et $\vec{n}$ sont de même sens : l'accélération est toujours dirigée vers l'intérieur de la trajectoire.

Méthode

Déterminer le vecteur accélération à partir du vecteur vitesse

M est un point mobile dans le plan (O, x, y). Son vecteur vitesse à une date t est :

$$\overrightarrow{v_M} = (2t - 3)\vec{i} + 2\vec{j}.$$

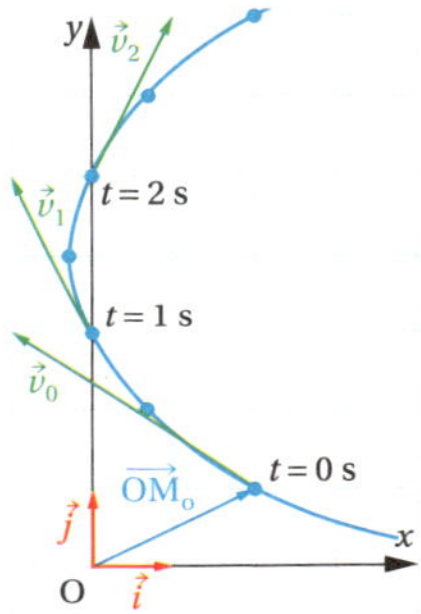

a. Déterminer les coordonnées de son vecteur accélération $\overrightarrow{a_M}$.

b. Tracer le vecteur accélération à $t = 1$ s.

c. À la date $t = 1$ s, tracer le vecteur variation de vitesse : $\Delta\vec{v} = \overrightarrow{v_2} - \overrightarrow{v_0}$.

d. En déduire le tracé du vecteur $\vec{a}$ à $t = 1$ s.

e. Comparer les résultats obtenus en **b.** et en **d.**

Conseils

a. Dérivez les coordonnées $v_x(t)$ et $v_y(t)$ du vecteur vitesse.

b. Le vecteur accélération est tracé à partir de M_1.

c. Pour tracer $\Delta\vec{v}$, il faut mettre bout à bout $\overrightarrow{v_2}$ et $-\overrightarrow{v_0}$ à partir de M_1.

d. Le vecteur accélération est tracé à partir du vecteur $\Delta\vec{v}$. Entre deux dates proches, t_0 et t_2, on peut écrire : $\overrightarrow{a_M} = \dfrac{d\overrightarrow{v_M}}{dt} \approx \left(\dfrac{\Delta\vec{v}}{\Delta t}\right)_{\text{entre } t_0 \text{ et } t_2}$.

SOLUTION

a. $v_x = 2 \times t - 3$ et $v_y = 2$.

Donc : $a_x = \dfrac{dv_x}{dt} = 2$ et $a_y = \dfrac{dv_y}{dt} = 0$.

Soit : $\overrightarrow{a_M} = 2\vec{i} + 0\vec{j} = 2\vec{i}$.

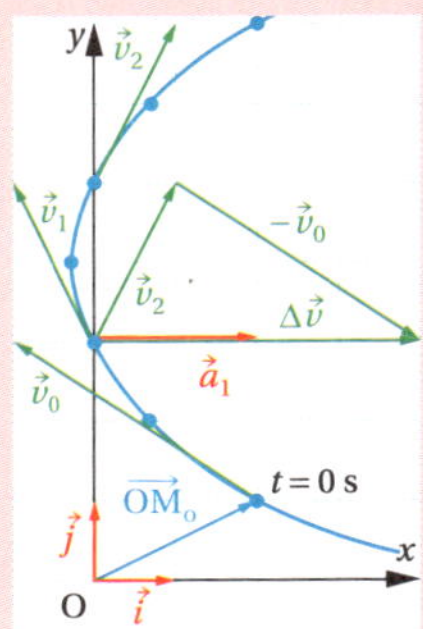

b. Le vecteur $\overrightarrow{a_1}$ est tracé en M_1 : voir figure.

c. Le vecteur variation de vitesse $\Delta\vec{v}$ est tracé à partir de M_1, on obtient $\Delta\vec{v} = 4\vec{i}$.

d. La variation se produit pendant 2 s :

$$\overrightarrow{a_1} = \frac{\left(\Delta\vec{v}\right)_{\text{entre } t_0 \text{ et } t_2}}{2} = \frac{4\vec{i}}{2} = 2\vec{i}.$$

e. Les deux résultats sont proches, mais la méthode graphique oblige à réaliser un tracé précis.

Quelques mouvements particuliers

40

☐ OK

I Mouvements rectilignes

Un mouvement est dit rectiligne si sa trajectoire est une droite.

Mouvement rectiligne uniforme	Mouvement rectiligne uniformément varié
• Vecteur vitesse $\vec{v}$ constant et suivant la trajectoire : $\vec{v} = v_x\vec{i}$. • Vecteur accélération nul : $\vec{a} = \vec{0}$.	Vecteur accélération $\vec{a}$ constant et dirigé suivant la trajectoire : $\vec{a} = a_x\vec{i}$.
Équations horaires : $v_x = C^{te}$ $x = v_x t + x_0$ (x_0 : abscisse à $t = 0$ s)	Équations horaires : $a_x = C^{te}$ $v_x = a_x t + v_0$ (v_0 : vitesse à $t = 0$ s) $x = \frac{1}{2} a_x t^2 + v_0 t + x_0$ (x_0 : à $t = 0$ s)
• Si M se déplace vers x croissant, $v_x > 0$: $\vec{v}$ dans le sens de $\vec{i}$. 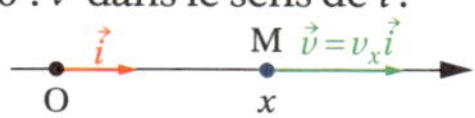 • Si M se déplace vers x décroissant, $v_x < 0$: $\vec{v}$ dans le sens contraire de $\vec{i}$. 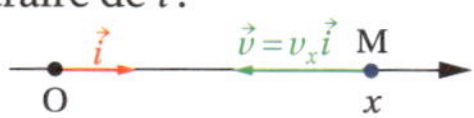	• Si $\vec{a}$ et $\vec{v}$ dans le même sens, mouvement accéléré. 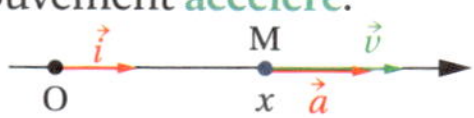 • Si $\vec{a}$ et $\vec{v}$ de sens opposés, mouvement ralenti. 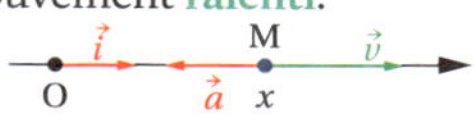

II Mouvement circulaire uniforme

■ La trajectoire est un cercle de rayon R avec une valeur de la vitesse constante.

■ Dans le repère de Frenet :

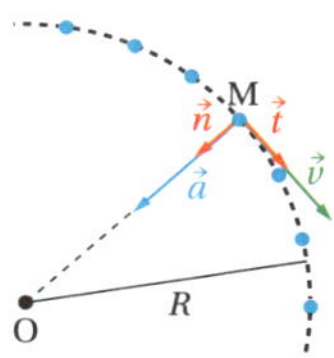

• la vitesse est : $\vec{v} = v\vec{t}$ avec $v = C^{te}$ donc $\frac{dv}{dt} = 0$;

• l'accélération est : $\vec{a} = \frac{dv}{dt}\vec{t} + \frac{v^2}{R}\vec{n} = \frac{v^2}{R}\vec{n}$.

L'accélération $\vec{a}$ est centripète, dirigée vers le centre de la trajectoire, O, et de valeur a constante : $a = \frac{v^2}{R}$.

Méthode

Caractériser le vecteur accélération

Le schéma suivant montre les mouvements de trois points mobiles A, B et C. Les positions ont été enregistrées à intervalles de temps égaux et quelques vecteurs vitesse sont tracés (avec la même échelle).

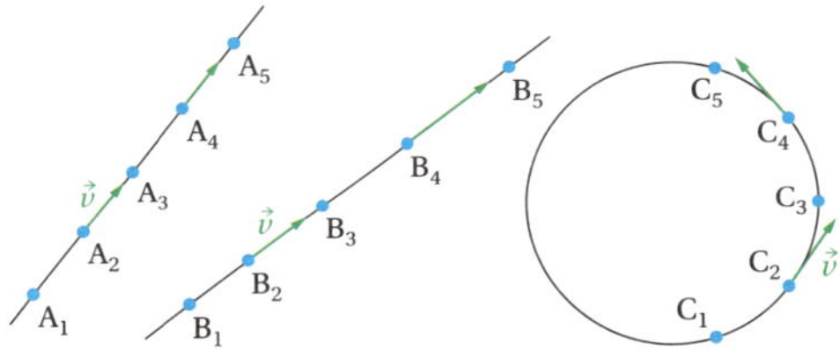

a. Caractériser chaque mouvement (trajectoire et vitesse).

b. En déduire la représentation du vecteur accélération aux points n° 3 : direction et sens (sans souci d'échelle).

Conseils

a. Observez les variations du vecteur vitesse : valeur (longueur) et direction.

b. Le vecteur accélération est dirigé comme les variations du vecteur vitesse.

SOLUTION

a. Les mouvements de A et B sont rectilignes et celui de C est circulaire. Les valeurs des vitesses de A et C sont constantes et celle de B augmente.

b. Le mouvement du point A est rectiligne et uniforme : son vecteur vitesse est constant, son accélération est donc nulle. B a un mouvement rectiligne et accéléré : son vecteur vitesse augmente dans le sens du mouvement, son vecteur accélération est dirigé dans le sens du mouvement. C a un mouvement circulaire et uniforme : son vecteur vitesse varie en direction seulement, vers l'intérieur de la trajectoire, son vecteur accélération est centripète.

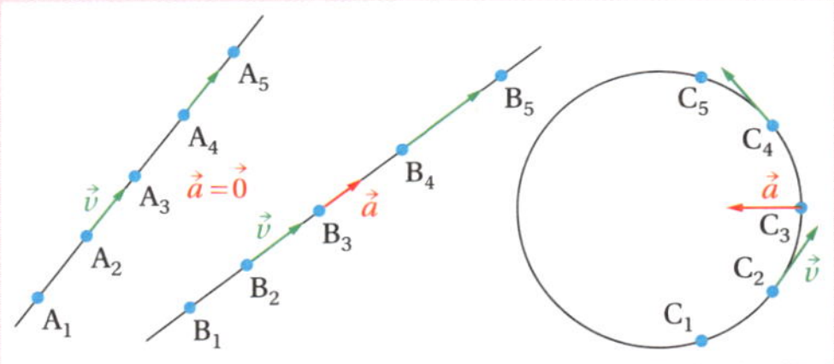

Quiz EXPRESS 41

Avez-vous bien révisé les fiches 38 à 40 ? On vérifie !

1 Choix d'un référentiel

▶ FICHE 38

Le référentiel terrestre est adapté à l'étude du mouvement :

- ☐ **a.** de la Lune autour de la Terre.
- ☐ **b.** d'un ballon lancé sur un terrain de sport.
- ☐ **c.** d'une sonde spatiale lancée vers Mars.
- ☐ **d.** d'un skieur qui slalome dans une descente.

2 Représentation des vecteurs vitesse et accélération

▶ FICHES 38 ET 39

Parmi les situations suivantes, une seule est possible, laquelle ?

☐ **a.** ☐ **b.** ☐ **c.** ☐ **d.**

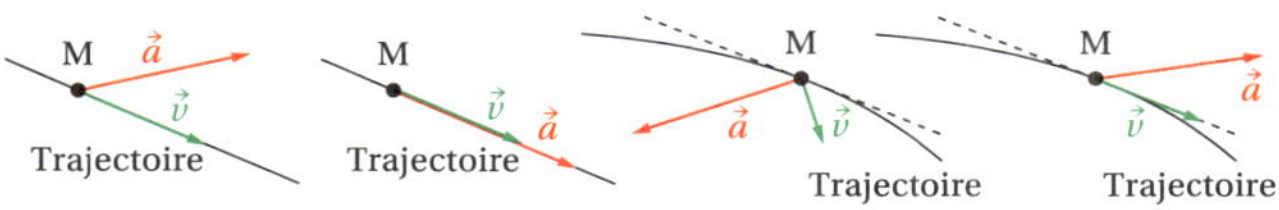

3 Coordonnées de l'accélération

▶ FICHE 39

Dans le repère $(O, \vec{i}, \vec{j})$, on a $v_x = 5$ et $v_y = 3t + 1$.

Les coordonnées du vecteur accélération sont :

☐ **a.** $a_x = 0$ et $a_y = 1$ ☐ **b.** $a_x = 5$ et $a_y = 3$ ☐ **c.** $a_x = 0$ et $a_y = 3$

4 Mouvements rectilignes

▶ FICHE 40

Lequel de ces mouvements est rectiligne uniformément accéléré ?

☐ **a.** ☐ **b.** ☐ **c.** ☐ **d.**

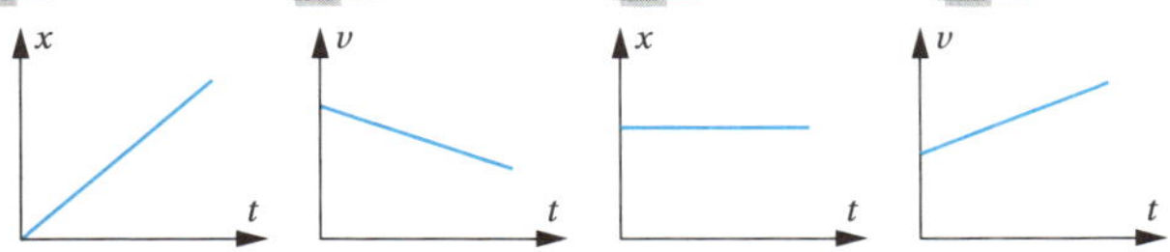

CORRIGÉS

1 Choix d'un référentiel

Réponses b et d. Le référentiel terrestre est adapté à l'étude des mouvements d'objets proches de la Terre dans un repère souvent lié au sol.

La proposition **a** est incorrecte car le mouvement de la Lune est décrit dans le référentiel géocentrique.

La proposition **c** est incorrecte car il faut alors tenir compte des mouvements de la Terre et de Mars autour du Soleil en choisissant le référentiel héliocentrique.

2 Représentation des vecteurs vitesse et accélération

Réponse b. La proposition **a** est incorrecte car les vecteurs $\vec{a}$ et $\vec{v}$ sont colinéaires dans le cas d'un mouvement rectiligne.

La proposition **c** est incorrecte car le vecteur vitesse doit être tangent à la trajectoire.

La proposition **d** est incorrecte car le vecteur accélération est toujours dirigé vers l'intérieur de la trajectoire.

3 Coordonnées de l'accélération

Réponse c. Le vecteur accélération est la dérivée du vecteur vitesse par rapport au temps t, donc ses coordonnées $(a_x\,;\,a_y)$ sont les dérivées par rapport au temps t des coordonnées $(v_x\,;\,v_y)$: $a_x = \frac{dv_x}{dt} = 0$ et $a_y = \frac{dv_y}{dt} = \frac{d(3t+1)}{dt} = 3$.

4 Mouvements rectilignes

Réponse d. Le mouvement est rectiligne uniformément accéléré car la vitesse augmente avec une accélération constante qui est la pente de la droite.

La proposition **a** est incorrecte car le mouvement est rectiligne uniforme. La pente de la droite est constante et représente la vitesse du point mobile.

La proposition **b** est incorrecte car le mouvement est uniformément ralenti : la vitesse diminue et l'accélération est constante.

La proposition **c** est incorrecte car le système est immobile : la position notée x, du système ne change pas.

Les lois de Newton

42

☐ OK

I Le centre de masse d'un système

- L'étude du mouvement d'un objet est souvent ramenée à celle de son centre de masse noté G, appelé aussi centre d'inertie. Ce point est celui par rapport auquel la masse est uniformément répartie. Il est souvent situé au milieu du système.
- L'étude du mouvement de G est plus simple que celui des autres points.

II Les lois de Newton

- 1re loi : principe d'inertie. Dans un référentiel galiléen, si le centre de masse G d'un système mécanique est immobile $\left(\overrightarrow{v_G} = \vec{0}\right)$ ou animé d'un mouvement rectiligne uniforme $\left(\overrightarrow{v_G} = \overrightarrow{C^{te}}\right)$, alors la somme vectorielle des forces extérieures qui lui sont appliquées est nulle et réciproquement :

$$\overrightarrow{v_G} = \overrightarrow{C^{te}} \Leftrightarrow \sum \overrightarrow{F_{ext}} = \vec{0}$$

Mot clé

Un **référentiel galiléen** est un référentiel dans lequel le principe d'inertie est vérifié. Les référentiels terrestre, géocentrique et héliocentrique peuvent être considérés comme galiléens.

- 2e loi : principe fondamental de la dynamique. Dans un référentiel galiléen, la somme vectorielle des forces extérieures (ou résultante des forces extérieures) appliquées à un système mécanique est égale au produit de sa masse m par le vecteur accélération de son centre de masse $\overrightarrow{a_G}$:

$$\sum \overrightarrow{F_{ext}} = m\overrightarrow{a_G}$$

Conséquence : $\sum \overrightarrow{F_{ext}}$ est colinéaire et de même sens que le vecteur accélération $\overrightarrow{a_G}$ (colinéaire de même sens que le vecteur variation de vitesse $\overrightarrow{\Delta v}$).

- 3e loi : principe des actions réciproques. Lorsque deux systèmes A et B sont en interaction, ils exercent toujours l'un sur l'autre des forces opposées :

$$\overrightarrow{F_{B/A}} = -\overrightarrow{F_{A/B}}$$

Méthode

Déduire de la 2e loi de Newton le vecteur accélération

Une voiture jouet de masse 5,0 kg se déplace sur un sol horizontal. Elle est soumise à plusieurs forces qui peuvent être modélisées par les vecteurs représentés sur la figure ci-contre à partir de son centre de masse G. Leurs intensités sont égales à 20 N, 34 N et 50 N.

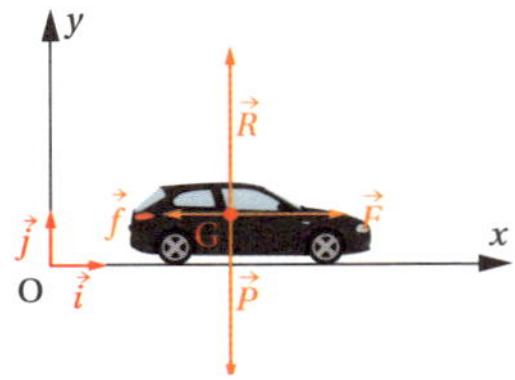

a. Nommer le référentiel choisi pour étudier son mouvement.

b. Identifier les forces représentées et donner leurs intensités.

c. Exprimer les vecteurs forces en fonction des vecteurs unitaires du repère.

d. Déterminer le vecteur accélération de la voiture et le représenter.

Conseils

b. Comparez les longueurs des vecteurs forces représentés sur le schéma.

c. Comparez la direction et le sens des forces avec les vecteurs $\vec{i}$ et $\vec{j}$.

d. Utilisez la 2e loi de Newton en explicitant la somme vectorielle des forces.

SOLUTION

a. Le repère $(O ; \vec{i}, \vec{j})$ étant lié au sol, le référentiel est le référentiel terrestre.

b. Les forces qui s'exercent sur la voiture sont les suivantes :

- $\vec{P}$ est le poids de la voiture, exercé par la Terre, $P = 50$ N ;
- $\vec{R}$ est la réaction du sol qui supporte la voiture, $R = 50$ N ;
- $\vec{F}$ est la force motrice exercée par le sol, $F = 34$ N ;
- $\vec{f}$ est la force de frottement, $f = 20$ N.

c. En comparant les sens des vecteurs force avec ceux des vecteurs unitaires : $\vec{P} = -P\vec{j}$, $\vec{R} = R\vec{j}$, $\vec{F} = F\vec{i}$ et $\vec{f} = -f\vec{i}$.

d. En appliquant la 2e loi de Newton, on peut écrire :

$$\sum \overrightarrow{F_{ext}} = m\overrightarrow{a_G} = \vec{P} + \vec{R} + \vec{F} + \vec{f} = (-P + R)\vec{j} + (F - f)\vec{i}$$

$\vec{P}$ et $\vec{R}$ se compensent et s'annulent, il reste :

$m\overrightarrow{a_G} = (F - f)\vec{i}$.

Donc : $\overrightarrow{a_G} = \dfrac{(F - f)}{m}\vec{i} = \dfrac{14}{5,0}\vec{i} = 2,8\vec{i}$.

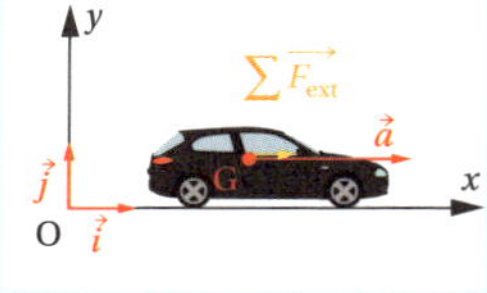

Mouvement dans un champ de pesanteur uniforme

43

☐ OK

I Conditions initiales

Un projectile de masse m est lancé à partir d'un point O à la date $t_0 = 0$ avec une vitesse initiale $\overrightarrow{v_0}$. Le mouvement de son centre de masse G est étudié dans le repère $(O ; \vec{i}, \vec{j}, \vec{k})$ lié au référentiel terrestre.

L'axe $(O ; \overrightarrow{v_0})$ est dans le plan vertical $(O ; \vec{i}, \vec{j})$ et l'angle de tir est noté α.

Les coordonnées de $\overrightarrow{v_0}$ sont :

$$\begin{pmatrix} v_{0x} = v_0 \cos\alpha \\ v_{0y} = v_0 \sin\alpha \\ v_{0z} = 0 \end{pmatrix}$$

Le champ de pesanteur est uniforme : $\vec{g} = -g\vec{j}$.

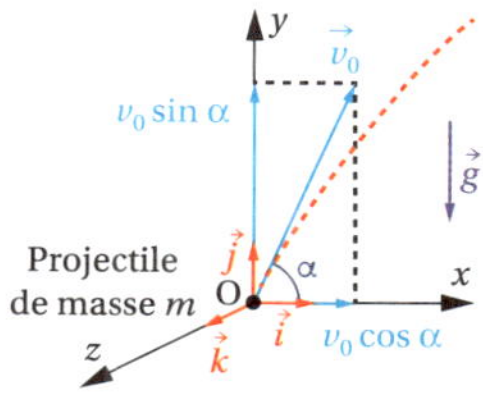

II Mouvement d'un projectile en chute libre

- Si les frottements de l'air et la poussée d'Archimède sont négligeables, le projectile n'est soumis qu'à son poids : on dit qu'il est en chute libre. La 2e loi de Newton s'exprime alors :

$$\sum \overrightarrow{F_{\text{ext}}} = m\overrightarrow{a_G} = \vec{P} = m\vec{g} \text{ donc : } \overrightarrow{a_G} = \vec{g}.$$

- Les coordonnées de $\overrightarrow{v_G}$ sont les primitives des coordonnées de $\overrightarrow{a_G}$ telles qu'à $t = 0$ leurs valeurs soient les coordonnées de $\overrightarrow{v_0}$.

$$\overrightarrow{a_G} = \frac{d\overrightarrow{v_G}}{dt} \Rightarrow \overrightarrow{a_G} \begin{pmatrix} a_x = 0 \\ a_y = -g \\ a_z = 0 \end{pmatrix} \Rightarrow \overrightarrow{v_G} \begin{pmatrix} v_x = v_{0x} = v_0 \cos\alpha \\ v_y = -gt + v_{0y} = -gt + v_0 \sin\alpha \\ v_z = v_{0z} = 0 \end{pmatrix}$$

- Les coordonnées de $\overrightarrow{OG}$ sont les primitives des coordonnées de $\overrightarrow{v_G}$ telles qu'à $t = 0$ leurs valeurs soient nulles car $\overrightarrow{OG_0} = \vec{0}$.

$$\overrightarrow{v_G} = \frac{d\overrightarrow{OG}}{dt} \Rightarrow \overrightarrow{v_G} \begin{pmatrix} v_x = v_0 \cos\alpha \\ v_y = -gt + v_0 \sin\alpha \\ v_z = 0 \end{pmatrix}$$

$$\Rightarrow \overrightarrow{OG} \begin{pmatrix} x = (v_0 \cos\alpha)t \\ y = -\,0{,}5gt^2 + (v_0 \sin\alpha)t \\ z = 0 \end{pmatrix}$$

Méthode

Exploiter les équations horaires

Un projectile est lancé à partir d'un point A avec une vitesse initiale de 7,3 m · s^{-1} et un angle de 52° par rapport à l'horizontale dans le champ de pesanteur terrestre uniforme et de valeur $g = 9{,}8$ N · kg^{-1}. Le mouvement de son centre de masse G est étudié dans le repère $(O ; \vec{i}, \vec{j})$. Les coordonnées des vecteurs du mouvement sont :

$$\overrightarrow{a_G}\begin{pmatrix} 0 \\ -g \end{pmatrix} \Rightarrow \overrightarrow{v_G}\begin{pmatrix} v_0 \cos\alpha \\ -gt + v_0 \sin\alpha \end{pmatrix} \Rightarrow \overrightarrow{OG}\begin{pmatrix} (v_0 \cos\alpha)t + 0 \\ -\dfrac{gt^2}{2} + (v_0 \sin\alpha)t + 2 \end{pmatrix}$$

a. Déterminer les coordonnées du point A (position initiale de G).

b. Calculer les coordonnées du vecteur vitesse initiale.

c. Établir l'équation de la trajectoire et en déduire sa nature.

Conseils

a. et **b.** Utilisez les équations des coordonnées des vecteurs $\overrightarrow{OG}$ et $\vec{v}$.

c. Établissez une relation entre les coordonnées *x* et *y* du vecteur position.

SOLUTION

a. Pour déterminer les coordonnées du point A, il suffit de choisir $t = 0$ dans les coordonnées du vecteur position :

$$\overrightarrow{OA} = \overrightarrow{OG}(t = 0)\begin{pmatrix} x = 0 \\ y = 2 \end{pmatrix}.$$

b. De la même manière :

$$\overrightarrow{v_0} = \overrightarrow{v_G}(t = 0)\begin{pmatrix} v_x = 7{,}3 \times \cos 52 \\ v_y = 7{,}3 \times \sin 52 \end{pmatrix}$$

$$\overrightarrow{v_0}\begin{pmatrix} v_x = 4{,}5 \\ v_y = 5{,}8 \end{pmatrix}$$

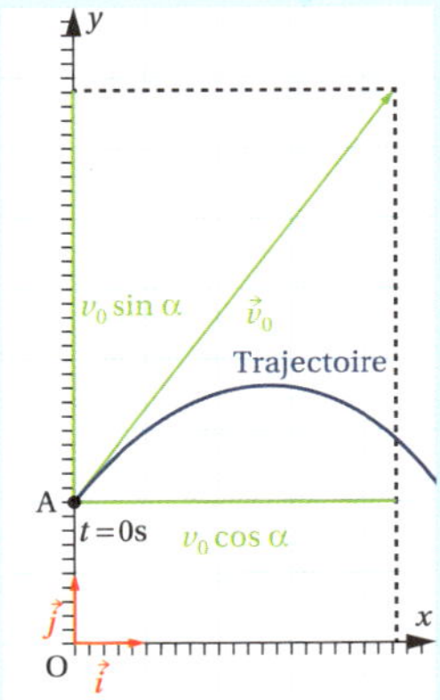

c. L'équation de la trajectoire est la relation qui lie *x* et *y*.

$$x = (v_0 \cos\alpha)t \Rightarrow t = \frac{x}{v_0 \cos\alpha}.$$

En reportant dans l'équation y(t) :

$$y = -\frac{gt^2}{2} + (v_0 \sin\alpha)t + 2,$$

soit : $y = -\dfrac{g}{2v_0^2 \cos^2\alpha}x^2 + (\tan\alpha)x + 2$

Numériquement : $y = -0{,}24\, x^2 + 1{,}3\, x + 2$

C'est l'équation d'une trajectoire parabolique.

Mouvement dans un champ électrique uniforme

44

☐ OK

I Champ électrique uniforme créé par un condensateur plan

- Un champ électrique uniforme $\vec{E}$ a même direction, même sens et même valeur en tout point de l'espace. Il s'obtient entre deux armatures métalliques planes P et N séparées par une distance d et soumises à une tension U_{PN} : ce dispositif est appelé **condensateur plan**.

- Le **champ électrique** est orthogonal aux armatures et orienté de la plaque chargée positivement vers la plaque chargée négativement.

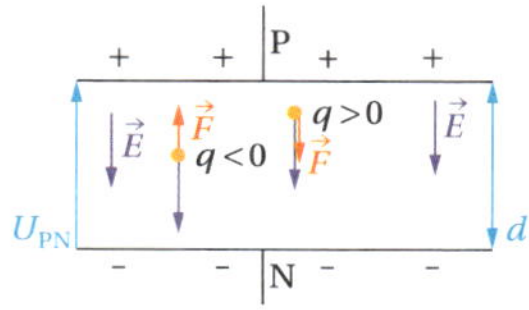

La valeur du champ est :

$$E = \frac{U_{PN}}{d}$$

E en $V \cdot m^{-1}$; d en m ; U_{PN} en V.

II Accélération d'une particule chargée dans un champ électrique

- Une particule de masse m et de charge q est lancée à la date $t_0 = 0$ avec une vitesse initiale $\vec{v_0}$ dans un champ électrique $\vec{E}$ uniforme. Comme elle se trouve aussi dans le champ de pesanteur $\vec{g}$, elle subit deux forces : la force électrique $\vec{F} = q\vec{E}$ et son poids : $\vec{P} = m\vec{g}$. Compte tenu des valeurs de masse et de charge, $\vec{P}$ est souvent négligeable devant $\vec{F}$.

D'après la 2e loi de Newton : $\sum \overrightarrow{F_{ext}} = m\vec{a} = \vec{F} = q\vec{E}$ donc : $\vec{a} = \frac{q}{m}\vec{E}$.

Donc $\vec{a}$ est colinéaire et de même sens que la force électrique $\vec{F}$, constant mais dépendant de la masse et de la charge de la particule.

- Le **mouvement** d'une particule chargée dans un champ électrique uniforme est analogue à celui d'un projectile dans le champ de pesanteur uniforme mais le signe de la charge q oriente le mouvement.

$\vec{v_0}$ et $\vec{E}$ colinéaires	mouvement rectiligne uniformément accéléré ou ralenti suivant le sens de $\vec{E}$ et le signe de la charge q
$\vec{v_0}$ et $\vec{E}$ non colinéaires	mouvement parabolique (particule déviée par la force)

Méthode

Établir les équations du mouvement et de la trajectoire

Une particule, de masse m et de charge $q > 0$, est lancée à la date $t_0 = 0$ avec une vitesse initiale $\overrightarrow{v_0}$ dans un champ électrique uniforme : $\vec{E} = -E\vec{j}$. Le mouvement est étudié dans le repère $(O ; \vec{i}, \vec{j}, \vec{k})$ dans le référentiel terrestre. O est sa position initiale, à $t_0 = 0$.

$\overrightarrow{v_0}$ est dans le plan vertical $(O ; \vec{i}, \vec{j})$ et incliné d'un l'angle α par rapport à $\vec{i}$.

$$\overrightarrow{v_0}\begin{pmatrix} v_{0x} = v_0 \cos\alpha \\ v_{0y} = v_0 \sin\alpha \\ v_{0z} = 0 \end{pmatrix}$$

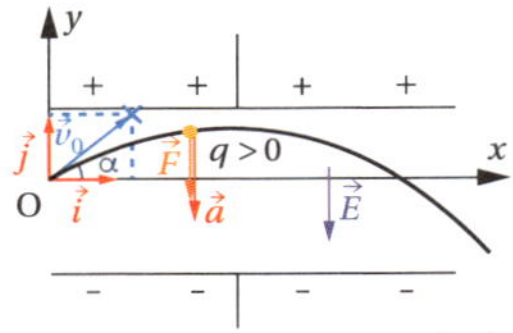

D'après la 2e loi de Newton, l'accélération de la particule est : $\vec{a} = \dfrac{q}{m}\vec{E}$.

a. Déterminer les équations horaires du mouvement de la particule.

b. En déduire que son mouvement est plan.

c. Établir l'équation de sa trajectoire et sa nature.

Conseils

a. Exprimez les coordonnées de $\vec{a}$ dans $(O ; \vec{i}, \vec{j}, \vec{k})$ et leurs primitives.
b. Que peut-on dire de la coordonnée du vecteur position suivant z ?
c. La trajectoire est une relation entre x et y, obtenue en éliminant le temps.

SOLUTION

a. L'accélération est $\vec{a} = \dfrac{q}{m}\vec{E} = -\dfrac{q}{m}E\vec{j}$. Les coordonnées de $\vec{v}$ sont les primitives des coordonnées de $\vec{a}$ et les coordonnées de $\overrightarrow{OG}$ sont les primitives des coordonnées de $\overrightarrow{v_G}$:

$$\vec{a}\begin{pmatrix} 0 \\ -\dfrac{qE}{m} \\ 0 \end{pmatrix} \Rightarrow \vec{v}\begin{pmatrix} v_0\cos\alpha \\ -\dfrac{qE}{m}t + v_0\sin\alpha \\ 0 \end{pmatrix} \Rightarrow \overrightarrow{OG}\begin{pmatrix} (v_0\cos\alpha)t \\ -\dfrac{qE}{2m}t^2 + (v_0\sin\alpha)t \\ 0 \end{pmatrix}$$

b. $z = 0$, donc le mouvement est dans le plan vertical $(O ; \vec{i}, \vec{j})$.

c. $x = (v_0\cos\alpha)t \Rightarrow t = \dfrac{x}{v_0\cos\alpha}$. En reportant dans l'équation $y(t)$:

$$y = -\frac{qE}{2m}t^2 + (v_0\sin\alpha)t = -\frac{qE}{2mv_0^2\cos^2\alpha}x^2 + (\tan\alpha)x.$$

La trajectoire est donc parabolique.

Aspects énergétiques du mouvement dans un champ uniforme

45

☐ OK

I Poids et force électrique : des forces conservatives

Travail du poids. Lorsqu'un système de masse m passe d'un point A d'altitude z_A à un point B d'altitude z_B, le travail du poids est :
$W_{AB}(\vec{P}) = mg\,(z_A - z_B)$. Ce travail ne dépend pas du chemin suivi. Il correspond à l'opposé de la variation de l'énergie potentielle de pesanteur :
$W_{AB}(\vec{P}) = -\Delta E_{PP}$. Le poids est une force conservative.

Travail de la force électrique. Lorsqu'une particule de charge q passe d'un point A à un point B entre lesquels il existe une tension U_{AB}, le travail de la force électrique est : $W_{AB}(\vec{F}) = q\,U_{AB} = q\,(V_A - V_B)$.

V_A et V_B sont les potentiels des points A et B. Ce travail ne dépend pas du chemin suivi. Il correspond à l'opposé de la variation de l'énergie potentielle électrique de la particule :
$W_{AB}(\vec{F}) = -\Delta E_{PE}$. La force électrique est une force conservative.

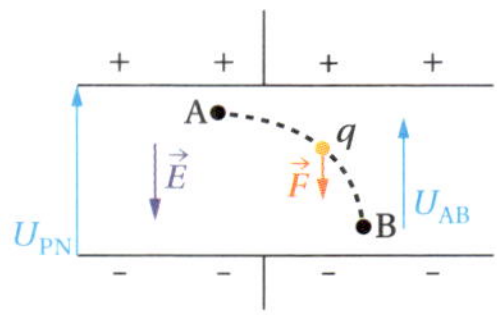

II Conservation de l'énergie mécanique

Mouvement dans un champ de pesanteur uniforme. Dans le cas d'une chute libre dans le champ de pesanteur entre deux points A et B, le poids $\vec{P}$ est la seule force qui s'exerce sur le système. D'après le théorème de l'énergie cinétique : $\Delta E_C = W_{AB}(P) = -\Delta E_{PP}$.

Donc la variation de l'énergie mécanique vaut :

$$\Delta E_M = \Delta E_C + \Delta E_{PP} = 0$$
(énergie mécanique conservée)

Mouvement dans un champ électrique uniforme. Dans le cas d'un mouvement dans le champ électrique entre deux points A et B, si la force électrique $\vec{F}$ est la seule force qui s'exerce sur la particule, alors : $\Delta E_C = W_{AB}(F) = -\Delta E_{PE}$.

Donc la variation de l'énergie mécanique vaut :

$$\Delta E_M = \Delta E_C + \Delta E_{PE} = 0$$
(énergie mécanique conservée).

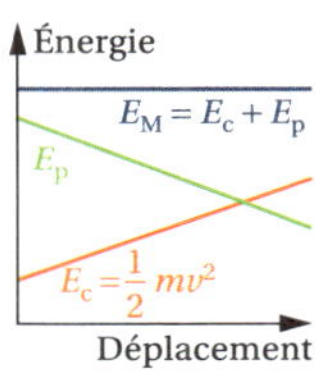

Cas d'un système dont l'énergie potentielle diminue au profit de l'énergie cinétique : sa vitesse augmente.

Méthode

Exploiter la conservation de l'énergie mécanique

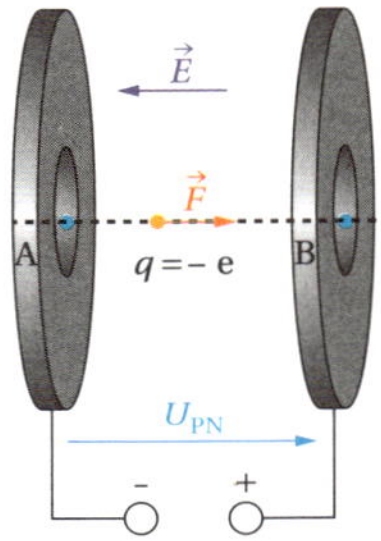

Dans un canon à électrons, un électron pénètre au point A dans un champ électrique uniforme d'un condensateur plan soumis à une tension électrique U_{PN}. On considère que l'électron n'est soumis qu'à la force électrique qui l'accélère entre A et B. Sa vitesse en A est négligeable devant celle en B.

Données :
- tension : $U_{PN} = 7{,}50 \times 10^2$ V ;
- masse de l'électron : $m = 9{,}11 \times 10^{-31}$ kg ;
- charge de l'électron : $q = -e = -1{,}60 \times 10^{-19}$ C.

a. Écrire le théorème de l'énergie cinétique pour le déplacement AB.

b. Comment évolue l'énergie mécanique de l'électron ?

c. En déduire la valeur de la vitesse de l'électron au point B.

Conseils

a. Vous devez connaître l'expression du travail de la force électrique.

b. La force électrique est-elle conservative ?

c. Utilisez la conservation de l'énergie mécanique.

SOLUTION

a. En considérant que seule la force électrique agit sur l'électron, la variation d'énergie cinétique de l'électron est égale au travail de cette force entre A et B : $\Delta E_C = W_{AB}(F) = qU_{AB} = -eU_{AB}$.

b. L'électron n'est soumis qu'à la force électrique dont le travail ne dépend pas du chemin suivi mais seulement de la position de A et B : c'est donc une force conservative. Donc son énergie mécanique se conserve : elle reste constante.

c. La conservation de l'énergie mécanique s'écrit : $E_M(A) = E_M(B)$.
Soit : $\Delta E_M = E_M(B) - E_M(A) = 0$. Or, $E_M = E_C + E_{PE}$ donc :

$$\Delta E_M = \Delta E_C + \Delta E_{PE} = \left(\frac{1}{2}mv_B^2 - \frac{1}{2}mv_A^2\right) + \Delta E_{PE}$$

avec $v_A = 0$ et $\Delta E_{PE} = -W_{AB}(F) = +eU_{AB} = -eU_{PN}$

$$\Delta E_M = \frac{1}{2}mv_B^2 - eU_{PN} = 0, \text{ donc } v^2 = \frac{2eU_{PN}}{m}, \text{ soit } v = \sqrt{\frac{2eU_{PN}}{m}}.$$

$$v = \sqrt{\frac{2 \times 1{,}60 \times 10^{-19} \times 7{,}50 \times 10^2}{9{,}11 \times 10^{-31}}} = 1{,}62 \times 10^7 \text{ m} \cdot \text{s}^{-1}.$$

Mouvement dans un champ de gravitation

46

☐ OK

I Lois de Kepler

● **1re loi : loi des orbites.** Les planètes décrivent des ellipses dont le Soleil occupe un des foyers.

Une ellipse est une courbe fermée caractérisée par deux foyers F et F′ et par une distance *a* appelée demi-grand axe. La distance Soleil-planète varie entre le point le plus proche P appelé périhélie et le point le plus éloigné A appelé aphélie : le grand axe est le segment reliant le périhélie et l'aphélie.

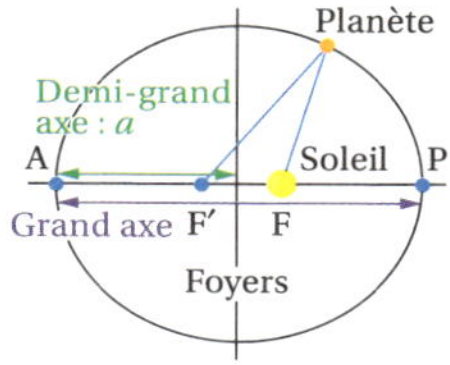

● **2e loi : loi des aires.** Le rayon Soleil-planète balaie des aires égales pendant des intervalles de temps égaux. Les aires balayées pendant une même durée sont égales : $A_1 = A_2 = A_3$.

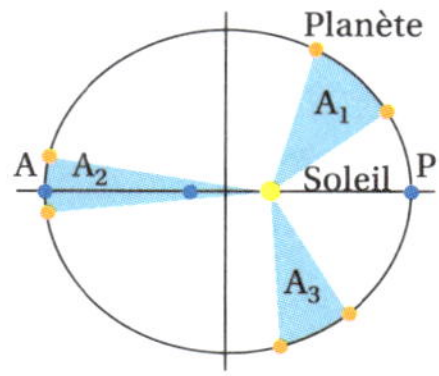

● **3e loi : loi des périodes.** Le carré de la période de révolution (T^2) est proportionnel au cube du demi-grand axe (a^3). Le quotient $\frac{T^2}{a^3}$ est le même pour toutes les planètes qui tournent autour du Soleil.

II Accélération dans un champ de gravitation

Un satellite S placé dans le champ de gravitation d'un astre attracteur A est soumis à une force d'attraction gravitationnelle :

$\vec{F}_{A/S} = -G\frac{M_A m_S}{r^2}\vec{u}$ avec $\vec{u}$ le vecteur unitaire dirigé de l'astre attracteur vers le satellite.

D'après la 2e loi de Newton, si la force gravitationnelle est la seule force, alors l'accélération du satellite est :

$\vec{a} = \frac{\vec{F}_{A/S}}{m_S} = -G\frac{M_A}{r^2}\vec{u}$.

Son accélération est donc toujours dirigée vers le centre de l'astre attracteur.

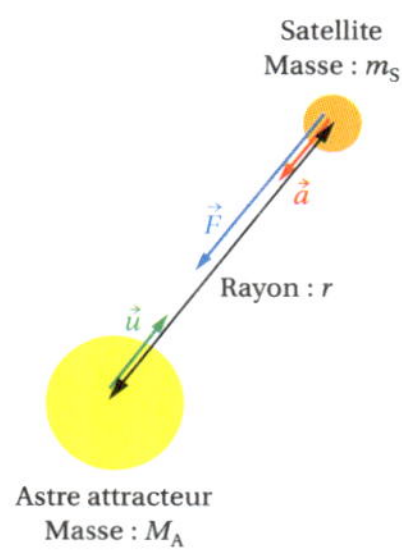

Méthode

Déterminer les caractéristiques d'un mouvement circulaire dans un champ de gravitation

Un satellite de masse m tourne autour d'un astre de masse M sur une orbite circulaire de rayon r.

a. Déterminer l'expression vectorielle de son accélération.

b. Montrer que le mouvement est uniforme et donner l'expression de la valeur de la vitesse du satellite.

c. En déduire l'expression de sa période de révolution.

Conseils

a. Utilisez la loi de gravitation et la 2e loi de Newton.
b. Utilisez l'expression de l'accélération dans le repère de Frenet ▶ FICHE 39.
c. Écrivez la relation entre la période de révolution et la vitesse du satellite.

SOLUTION

a. D'après la loi de gravitation universelle et la 2e loi de Newton, le satellite est soumis à une force d'attraction : $\vec{F}_{A/S} = -G\dfrac{Mm}{r^2}\vec{u} = m_S\vec{a}$.

Donc : $\vec{a} = -G\dfrac{M}{r^2}\vec{u}$, l'accélération est centripète.

b. L'accélération du satellite s'exprime dans le repère de Frenet : $\vec{a} = \dfrac{dv}{dt}\vec{t} + \dfrac{v^2}{r}\vec{n}$.

Puisque la trajectoire est circulaire, $\vec{u}$ et $\vec{n}$ sont opposés.

$\vec{a} = -G\dfrac{M}{r^2}\vec{u} = G\dfrac{M}{r^2}\vec{n} = \dfrac{dv}{dt}\vec{t} + \dfrac{v^2}{r}\vec{n}$.

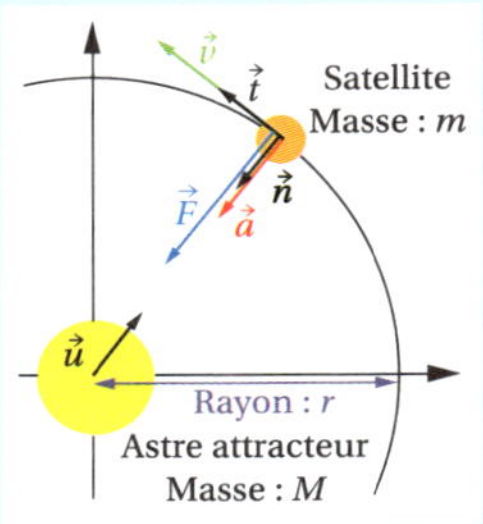

Selon $\vec{t}$: $\dfrac{dv}{dt} = 0$, donc la valeur de la vitesse du satellite est constante, le mouvement est uniforme.

Selon $\vec{n}$: $G\dfrac{M}{r^2}\vec{n} = \dfrac{v^2}{r}\vec{n}$. Soit : $\dfrac{v^2}{r} = G\dfrac{M}{r^2}$.

La valeur de la vitesse est donc : $v = \sqrt{\dfrac{GM}{r}}$.

c. Le périmètre du cercle trajectoire ($2\pi r$) est parcouru pendant une période T à la vitesse : $v = \sqrt{\dfrac{GM}{r}} = \dfrac{2\pi r}{T}$.

Sa période de révolution est donc : $T = \dfrac{2\pi r}{v} = 2\pi\sqrt{\dfrac{r^3}{GM}}$.

Quiz EXPRESS

47

Avez-vous bien révisé les fiches 42 à 46 ? On vérifie !

1 Lois de Newton

▶ FICHE 42

Un système soumis à une force horizontale :

☐ **a.** reste immobile.

☐ **b.** subit une accélération horizontale.

☐ **c.** a une vitesse dont la composante verticale est constante.

2 Mouvement dans le champ de pesanteur

▶ FICHE 43

Un projectile lancé dans le champ de pesanteur et en chute libre :

☐ **a.** n'est soumis qu'à une seule force : son poids.

☐ **b.** a une accélération verticale vers le bas égale à $9{,}81\ \text{m} \cdot \text{s}^{-2}$.

☐ **c.** a toujours une trajectoire verticale et vers le bas.

3 Champ électrique uniforme

▶ FICHE 44

Le champ électrique créé dans un condensateur plan :

☐ **a.** est dirigé parallèlement aux plaques du condensateur.

☐ **b.** a une valeur proportionnelle à la tension appliquée entre les plaques.

☐ **c.** est le même en tout point de l'espace entre les plaques.

4 Aspect énergétique au cours d'un mouvement

▶ FICHE 45

Un objet qui descend en chute libre suivant la verticale :

☐ **a.** a une énergie cinétique qui diminue.

☐ **b.** a une énergie potentielle de pesanteur qui reste constante.

☐ **c.** a une énergie mécanique qui est conservée.

5 Mouvement dans un champ de gravitation

▶ FICHE 46

Les mouvements des planètes autour du Soleil :

☐ **a.** dessinent des trajectoires circulaires.

☐ **b.** ont la même période de révolution.

☐ **c.** ont une accélération indépendante de leur masse.

CORRIGÉS

1 Lois de Newton

Réponses b et c. L'accélération étant suivant l'horizontale (comme la force), la vitesse ne varie pas suivant la verticale.

La proposition **a** est incorrecte car d'après la 1re loi de Newton, si $\sum \overrightarrow{F_{ext}} \neq \vec{0} \Rightarrow \overrightarrow{v_G} \neq \overrightarrow{C^{te}}$: il ne peut donc pas être immobile.

2 Mouvement dans le champ de pesanteur

Réponses a et b. Dans le cas d'une chute libre, le vecteur accélération est confondu avec le vecteur champ de pesanteur.

La proposition **c** est incorrecte car le mouvement est parabolique si la vitesse initiale n'est pas verticale.

3 Champ électrique uniforme

Réponses b et c. La proposition **a** est incorrecte car le champ est perpendiculaire aux armatures du condensateur.

La proposition **b** est correcte mais la valeur du champ dépend aussi de la distance entre les armatures.

La proposition **c** est correcte car le champ est uniforme.

4 Aspect énergétique au cours d'un mouvement

Réponse c. La proposition **a** est incorrecte car sa vitesse augmente donc son énergie cinétique augmente.

La proposition **b** est incorrecte car son altitude diminue donc son énergie potentielle de pesanteur diminue aussi.

La proposition **c** est correcte : l'augmentation d'énergie cinétique compense exactement la diminution d'énergie potentielle.

5 Mouvement dans un champ de gravitation

Réponse c. La proposition **a** est incorrecte car les trajectoires sont des ellipses.

La proposition **b** est incorrecte car la période de révolution dépend de la distance Soleil-planète.

La proposition **c** est correcte : leur accélération dépend de la masse de l'astre attracteur mais pas de leur masse propre.

La poussée d'Archimède

48

☐ OK

I Description de la situation

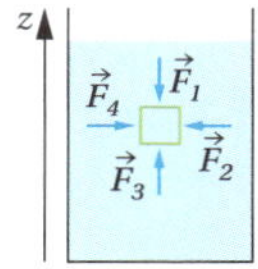

- On considère un récipient rempli d'un fluide immobile et incompressible (sa masse volumique est constante au cours du temps). Un solide cubique d'arête d est placé dans le fluide. Le cube est soumis à la pression du fluide sur tous ses côtés. On modélise les forces pressantes par des vecteurs orientés du fluide vers le cube.
- Les parois latérales du cube étant situées à la même profondeur, elles subissent des forces pressantes qui se compensent : $\overrightarrow{F_2} = -\overrightarrow{F_4}$.
- On sait que l'intensité d'une force pressante est égale au produit de la pression par la surface, on en déduit : $F_1 = P_1 \times d^2$ et $F_3 = P_3 \times d^2$.

On a $P_3 > P_1$ donc $F_3 > F_1$. Donc le cube subit de la part du fluide une force totale dirigée vers le haut :

$$F_{\text{totale}} = F_3 - F_1 = P_3 \times d^2 - P_1 \times d^2 = d^2 \times (P_3 - P_1).$$

D'après le principe fondamental de la statique des fluides (étudié en 1re), on a :

$$P_3 - P_1 = \rho_{\text{fluide}} \times g \times (h_1 - h_3).$$

D'où :

$$F_{\text{totale}} = d^2 \times (\rho_{\text{fluide}} \times g \times (h_1 - h_3)) = d^2 \times (\rho_{\text{fluide}} \times g \times ((h_3 + d) - h_3))$$
$$= d^2 \times (\rho_{\text{fluide}} \times g \times d) = \rho_{\text{fluide}} \times g \times d^3.$$

Finalement : $F_{\text{totale}} = \rho_{\text{fluide}} \times g \times V_{\text{cube}}$.

II Énoncé du principe

- Tout corps plongé dans un fluide subit une force verticale vers le haut, la poussée d'Archimède, dont l'intensité est égale au poids du volume de fluide déplacé (ce volume est donc égal au volume immergé du corps).

$P_A = \rho_{\text{fluide}} \times g \times V_{\text{solide}}$	P_A intensité de la poussée d'Archimède en N ; ρ masse volumique du fluide en $kg \cdot m^{-3}$; g intensité de pesanteur en $N \cdot kg^{-1}$; V volume du solide immergé en m^3.

- Le poids apparent d'un solide plongé dans un fluide est : $\overrightarrow{P_{\text{apparent}}} = \overrightarrow{P_A} + \overrightarrow{P_{\text{solide}}}$.

Méthode

Déterminer la valeur de la poussée d'Archimède d'un solide

Une boule de pétanque est tombée au fond d'un bassin d'eau douce.

Données :
- volume de la boule de pétanque : $V = 2{,}0 \times 10^{-4}\ m^3$;
- masse volumique de la boule de pétanque : $\rho = 3{,}3 \times 10^3\ kg \cdot m^{-3}$;
- masse volumique de l'eau douce : $\rho_{eau\ douce} = 1{,}0 \times 10^3\ kg \cdot m^{-3}$;
- intensité de la pesanteur : $g = 9{,}81\ N \cdot kg^{-1}$.

a. Calculer la valeur du poids de la boule de pétanque.

b. Calculer la valeur de la poussée d'Archimède subie par la boule.

c. Sur un schéma, représenter les forces subies par la boule de pétanque (1 cm ↔ 4 N).

d. Expliquer pourquoi la boule de pétanque ne flotte pas.

Conseils

a. La relation entre masse, volume et masse volumique est $m = \rho \times V$.
b. Pour calculer la valeur de la poussée d'Archimède, utilisez la masse volumique du fluide et non celle du corps dont on étudie le mouvement.
c. Le poids est une force orientée vers le bas, tandis que la poussée d'Archimède est orientée vers le haut.
d. Le poids apparent est la résultante des forces subie par un corps immobile dans un fluide au repos. Sa valeur et son sens permettent de déterminer si le corps flotte ou coule.

SOLUTION

a. On calcule le poids de la boule de pétanque :
$P = m \times g = \rho \times V \times g = 3{,}3 \times 10^3 \times 2{,}0 \times 10^{-4} \times 9{,}81 = 6{,}5\ N$.

b. On calcule la poussée d'Archimède subie par la boule de pétanque :
$P_A = \rho_{eau\ douce} \times g \times V_{boule\ de\ pétanque}$
$= 1{,}0 \times 10^3 \times 9{,}81 \times 2{,}0 \times 10^{-4} = 2{,}0\ N$.

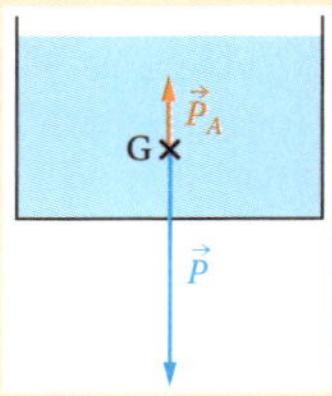

c. Voir le schéma ci-contre. Le vecteur $\vec{P}$ doit avoir une longueur de 1,62 cm, le vecteur $\overrightarrow{P_A}$ doit avoir une longueur de 0,5 cm.

d. On remarque que le poids est supérieur à la poussée d'Archimède ($P > P_A$). Le poids apparent de la boule de pétanque est donc orienté vers le bas.
Comme la boule n'est soumise à aucune autre force, d'après la 2e loi de Newton, elle est soumise à une accélération orientée vers le bas : on en déduit qu'elle coule.

Écoulement d'un fluide en régime permanent

49

☐ OK

I Débit volumique et débit massique

- Le **débit massique** d'un fluide D_m est la masse m de fluide qui passe par la section S d'un tuyau par unité de temps :

$$D_m = \frac{m}{t}$$

D_m débit massique en $kg \cdot s^{-1}$;
m masse de fluide écoulé en kg ;
t durée de l'écoulement en s.

> **Mot clé**
> On appelle **section** d'un tuyau la surface en coupe transversale de l'intérieur du tuyau qui est traversée par un fluide en mouvement.

- Le **débit volumique** d'un fluide D_V est le volume V de fluide qui traverse la section S d'un tuyau par unité de temps :

$$D_V = \frac{V}{t}$$

D_V débit volumique en $m^3 \cdot s^{-1}$;
V volume de fluide écoulé en m^3 ;
t durée de l'écoulement en s.

- Les débits massique et volumique sont reliés par : $D_m = \rho \times D_V$.

II Vitesse d'écoulement et principe de continuité

- L'écoulement d'un fluide est **permanent** si les paramètres qui le caractérisent (pression, température, vitesse) en un point restent constants au cours du temps. Lors d'un écoulement permanent, on a :

$$D_V = S \times v$$

D_V débit volumique en $m^3 \cdot s^{-1}$;
S surface de la section du tuyau en m^2 ;
v vitesse d'écoulement du fluide en $m \cdot s^{-1}$.

- Lors de l'écoulement permanent d'un fluide, la quantité de fluide qui entre en A dans une portion de tuyau doit être la même que celle qui en sort en B dans le même temps : $D_{m,A} = D_{m,B}$.

Dans le cas d'un **fluide incompressible**, on en déduit : $D_{V,A} = D_{V,B}$.

Pour les fluides incompressibles en régime permanent, on a alors :

$$S_A \times v_A = S_B \times v_B$$

S_A et S_B surface des sections en A et en B en m^2 ; v_A et v_B vitesses d'écoulement du fluide en A et en B en $m \cdot s^{-1}$.

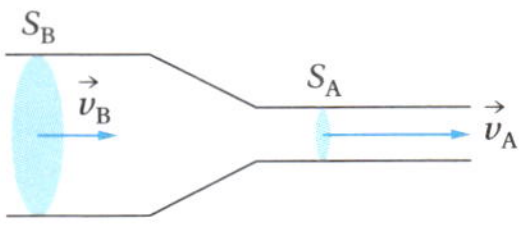

Méthode

Déterminer les caractéristiques d'un écoulement

Un canal traverse un village ; il est droit et sa section diminue progressivement. Au point le plus large (A), sa largeur est de $L_1 = 1{,}40$ m, au plus étroit (B) elle est de $L_2 = 90$ cm. Le canal est parallélépipédique et le niveau d'eau est de $h = 90{,}0$ cm.

Il a été mesuré que 70 200 L passent au point B en une minute.

On suppose que l'écoulement de l'eau est permanent.

a. Déterminer le débit volumique du canal au point B.

b. En déduire le débit massique.

c. Déterminer la vitesse de l'eau au point B puis au point A.

Donnée : masse volumique de l'eau : $\rho_{eau} = 1\,000 \text{ kg} \cdot \text{m}^{-3}$.

Conseils

a. Dans le calcul du débit volumique, le volume de fluide doit être exprimé en mètres cubes et le temps en secondes.
b. Le débit massique et le débit volumique sont proportionnels : le coefficient de proportionnalité est la masse volumique du fluide considéré.
c. Le débit volumique d'un fluide dans un tuyau dépend de la surface de la section du tuyau et de la vitesse d'écoulement du fluide.
Appliquez le principe de continuité.

SOLUTION

a. On calcule le débit volumique :

$$D_V = \frac{V}{t} = \frac{70\,200 \times 10^{-3}}{60} = 1{,}17 \text{ m}^3 \cdot \text{s}^{-1}.$$

b. On calcule le débit massique :

$$D_m = \rho \times D_V = 1\,000 \times 1{,}17 = 1\,170 \text{ kg} \cdot \text{s}^{-1}.$$

c. On calcule la surface de la section d'eau en B :

$$S_B = h \times L_2 = 90{,}0 \times 10^{-2} \times 90{,}0 \times 10^{-2} = 8{,}1 \times 10^{-1} \text{ m}^2.$$

On calcule la vitesse d'écoulement en B :

$$v_B = \frac{D_V}{S_B} = \frac{1{,}17}{8{,}1 \times 10^{-1}} = 1{,}4 \text{ m} \cdot \text{s}^{-1}.$$

D'après le principe de continuité, on a : $D_{V,B} = S_A \times v_A$.

On calcule la surface de la section d'eau en A :

$$S_A = h \times L_1 = 90{,}0 \times 10^{-2} \times 1{,}40 = 1{,}26 \text{ m}^2$$

$$v_A = \frac{D_{V,B}}{S_A} = \frac{1{,}17}{1{,}26} = 9{,}3 \times 10^{-1} \text{ m} \cdot \text{s}^{-1}.$$

Relation de Bernoulli

50

☐ OK

I Relation de Bernoulli

- Pour un **fluide parfait, incompressible et en écoulement permanent**, en deux points d'une même ligne de courant :

$$P_A + \frac{1}{2} \times \rho \times v_A^2 + \rho \times g \times z_A = P_B + \frac{1}{2} \times \rho \times v_B^2 + \rho \times g \times z_B$$

avec P_A et P_B en Pa ; ρ en $kg \cdot m^{-3}$; g en $N \cdot kg^{-1}$; v_A et v_B en $m \cdot s^{-1}$; z_A et z_B hauteurs des points A et B en m.

Mot clé

Une **ligne de courant** est une courbe tangente en chacun de ses points, à chaque instant et localement, au vecteur vitesse de l'écoulement.

- Lors de l'écoulement permanent d'un fluide parfait et incompressible, une augmentation de vitesse du fluide en un point implique une diminution de la pression en ce même point.
- Si le fluide est immobile, la relation de Bernoulli devient :

$$P_A + \rho \times g \times z_A = P_B + \rho \times g \times z_B \text{ soit : } P_B - P_A = \rho \times g \times (z_A - z_B).$$

On retrouve le principe fondamental de la statique des fluides (étudié en classe de 1re).

II Effet Venturi

- Un **fluide incompressible** s'écoule dans un tuyau à étranglement qui a deux sections différentes ($S_A = S_C > S_B$).

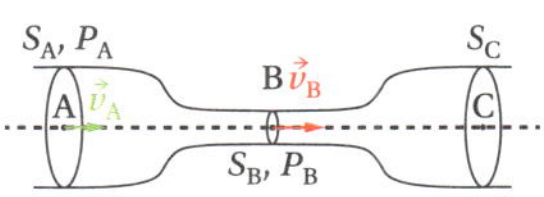

D'après le principe de continuité, le débit est conservé, donc on a :

$$D_A = D_B = D_C \text{ d'où } S_A \times v_A = S_B \times v_B.$$

Si $z_A = z_B$, la relation de Bernoulli devient $P_A - P_B = \frac{1}{2}\rho(v_B^2 - v_A^2)$.
Comme $S_A > S_B$, $v_B > v_A$, alors : $P_A > P_B$.

- On en conclut que lorsqu'un fluide traverse une section de plus faible diamètre, la pression diminue et la vitesse augmente : ce phénomène est appelé **effet Venturi**.

Méthode

Calculer une vitesse d'écoulement

On considère un réservoir rempli d'eau à une hauteur $H = 2{,}5$ m. Un trou de vidange de diamètre $d_2 = 10$ mm est situé à sa base. Le réservoir à un diamètre d_1, tel que $d_1 >> d_2$.

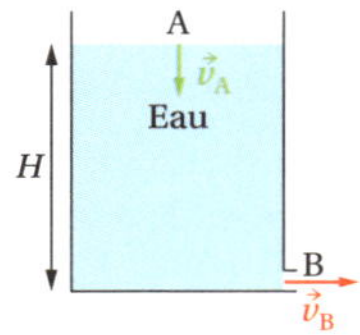

a. Quelles sont les valeurs de la pression à la surface de l'eau dans le réservoir P_A et à la sortie du trou de vidange P_B ?

b. Expliquer pourquoi on peut négliger v_A par rapport à v_B.

c. À partir de la relation de Bernoulli :

$$P_A + \frac{1}{2}\rho v_A^2 + \rho g z_A = P_B + \frac{1}{2}\rho v_B^2 + \rho g z_B,$$

calculer la vitesse v_B de l'eau lors de son écoulement par le trou de vidange.

Données : $P_{atm} = 1{,}0 \times 10^5$ Pa ; masse volumique de l'eau : $\rho_{eau} = 1\,000\ \text{kg} \cdot \text{m}^{-3}$; intensité de la pesanteur : $g = 9{,}81\ \text{N} \cdot \text{kg}^{-1}$.

Conseils

a. La surface d'un fluide en contact avec l'atmosphère est à la pression atmosphérique.

c. Exprimez la relation de Bernoulli en tenant compte des réponses aux questions précédentes. Veillez à ne pas oublier la racine carrée dans l'expression de v_B.

SOLUTION

a. La surface de l'eau du réservoir et l'eau à la sortie du trou de vidange sont à la pression atmosphérique, soit $P_A = P_B = P_{atm} = 1{,}0 \times 10^5$ Pa.

b. D'après le principe de continuité, nous avons $S_A \times v_A = S_B \times v_B$. D'après l'énoncé, $d_1 >> d_2$ soit $S_A >> S_B$ et donc : $v_A << v_B$. On peut donc négliger v_A par rapport à v_B.

c. La relation de Bernoulli donne :

$$\frac{2(P_A - P_B)}{\rho} + 2 \times g \times (z_A - z_B) = (v_B^2 - v_A^2)$$

Grâce aux questions précédentes, on peut simplifier l'expression :

$$\cancel{\frac{2(P_A - P_B)}{\rho}} + 2 \times g \times (z_A - z_B) = (v_B^2 - \cancel{v_A^2}).$$

On en déduit : $v_B^2 = 2 \times g \times (z_A - z_B)$.

D'où $v_B = \sqrt{2 \times g \times H}$. Soit $v_B = \sqrt{2 \times 9{,}81 \times 2{,}5} = 7{,}0\ \text{m} \cdot \text{s}^{-1}$.

Quiz EXPRESS

51

Avez-vous bien révisé les fiches 48 à 50 ? On vérifie !

1 Poussée d'Archimède

▶ FICHE 48

1. La formule de la poussée d'Archimède est :

☐ **a.** $P_A = \rho_{fluide} \times V_{fluide} \times g$ ☐ **b.** $P_A = \rho_{solide} \times V_{fluide} \times g$

☐ **c.** $P_A = \rho_{fluide} \times V_{solide} \times g$ ☐ **d.** $P_A = \rho_{solide} \times V_{solide} \times g$

2. Le poids apparent d'un solide dans un fluide dépend du poids du solide et de la poussée d'Archimède, on calcule sa valeur par :

☐ **a.** Poids apparent = Poussée d'Archimède – Poids du solide

☐ **b.** Poids apparent = Poussée d'Archimède + Poids du solide

2 Écoulement d'un fluide en régime permanent

▶ FICHE 49

1. Le débit massique a pour formule :

☐ **a.** $D_m = m \times t$ ☐ **b.** $D_m = \dfrac{t}{m}$ ☐ **c.** $D_m = \dfrac{m}{t}$

2. D'après le principe de continuité, quand un fluide passe dans un tuyau dont la section diminue :

☐ **a.** la vitesse d'écoulement est constante.

☐ **b.** le débit volumique est constant.

3 Relation de Bernoulli

▶ FICHE 50

1. La relation de Bernoulli permet d'écrire en deux points d'une même ligne de courant que $P + \frac{1}{2}\rho v^2 + \rho g z = \text{constante}$:

☐ **a.** vrai

☐ **b.** faux

2. L'effet Venturi est un phénomène au cours duquel un fluide qui s'écoule dans un tuyau dont la section diminue voit :

☐ **a.** sa pression et sa vitesse diminuer.

☐ **b.** sa pression diminuer et sa vitesse augmenter.

☐ **c.** sa pression augmenter et sa vitesse diminuer.

CORRIGÉS

1 Poussée d'Archimède

1. **Réponse c.** La poussée d'Archimède dépend de la masse volumique du fluide et du volume de solide immergé.

2. **Réponse a.** Le poids apparent d'un solide dans un fluide dépend du poids du solide et de la poussée d'Archimède, on calcule sa valeur par :

Poids apparent = Poussée d'Archimède – Poids du solide.

2 Écoulement d'un fluide en régime permanent

1. **Réponse c.** Le débit massique a pour formule : $D_m = \frac{m}{t}$.

2. **Réponse b.** D'après le principe de continuité, quand un fluide passe dans un tuyau dont la section diminue, le débit volumique est constant.

3 Relation de Bernoulli

1. **Réponse a.** La relation de Bernoulli peut s'écrire $P + \frac{1}{2}\rho v^2 + \rho g z = \text{cte}$ ou $P_A + \frac{1}{2}\rho v_A^2 + \rho g z_A = P_B + \frac{1}{2}\rho v_B^2 + \rho g z_B$.

2. **Réponse b.** L'effet Venturi est un phénomène au cours duquel un fluide qui s'écoule dans un tuyau dont la section diminue voit sa pression diminuer et sa vitesse augmenter.

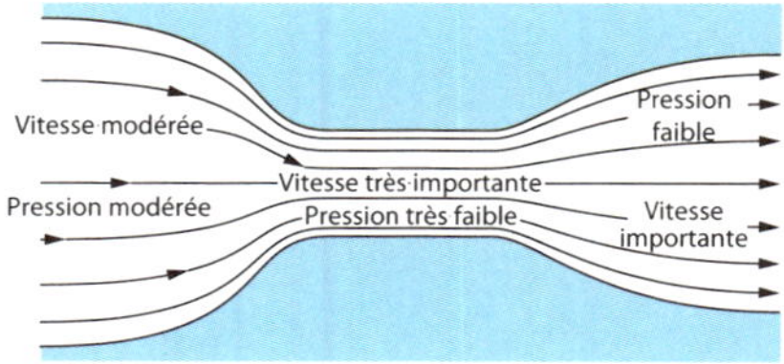

Le modèle du gaz parfait

52

☐ OK

I Lien entre grandeurs macroscopiques et microscopiques

- À l'échelle macroscopique, un échantillon de gaz peut être décrit par 5 grandeurs, appelées aussi **variables d'états** : sa température thermodynamique T (en kelvins, K), sa quantité de matière n (en moles, mol), sa pression P (en pascals, Pa), son volume V (en mètres cubes, m^3) et sa masse m (en kilogrammes, kg).

La masse et le volume déterminent la masse volumique du gaz :

$$\rho = \frac{m}{V}$$

ρ en kilogrammes par mètre cube ($kg \cdot m^{-3}$) ; m en kilogrammes (kg) ; V en mètres cubes (m^3).

À noter

La température thermodynamique T en kelvins (K) est reliée à la température t en degrés Celsius (°C) par la relation : $T = t + 273$.

- Certaines de ces grandeurs macroscopiques ont un lien avec des grandeurs microscopiques.

Grandeur macroscopique	quantité de matière	température thermodynamique	pression
Grandeur microscopique	nombre de particules	vitesse des particules	nombre de chocs sur les parois par unité de temps et de surface

II L'équation du gaz parfait

- L'**équation d'état des gaz parfaits** est une relation entre 4 des variables d'état du gaz, pour un système gazeux isolé :

$$PV = nRT$$

P en pascals (Pa) ; V en mètres cubes (m^3) ;
n en moles (mol) ; T en kelvins (K) ;
R constante des gaz parfaits : $R = 8{,}31\ J \cdot K^{-1} \cdot mol^{-1}$.

- Le modèle du gaz parfait possède des limites, en dehors desquelles l'équation des gaz parfaits n'est plus applicable :
– les hautes pressions ;
– le volume propre des particules n'est plus négligeable ;
– le système n'est pas isolé : il échange de la matière avec l'extérieur.

Méthode

Exploiter l'équation des gaz parfaits

Un échantillon de gaz est enfermé dans un récipient dont on peut faire varier le volume. Les valeurs de la pression, du volume et de la température sont les suivantes : $P = 1{,}0 \times 10^5$ Pa ; $V = 2{,}0$ L ; $t = 25$ °C.

Le gaz est considéré comme étant parfait.

Donnée : constante des gaz parfaits : $R = 8{,}31\ J \cdot K^{-1} \cdot mol^{-1}$.

a. Calculer la quantité de matière n de l'échantillon de gaz.

b. On fait varier le volume du récipient jusqu'à la valeur $V = 1{,}0$ L, la température restant constante. Calculer la nouvelle valeur de P.

c. Comparer pour les deux expériences le produit $P \times V$.
Comment se nomme la loi ainsi vérifiée ?

Conseils

a. Pensez à convertir le volume en mètres cubes et calculez la température thermodynamique en kelvins : $1\ L = 1 \times 10^{-3}\ m^3$ et $T\ (K) = t\ (°C) + 273$.
b. Isolez la pression P dans l'équation des gaz parfaits.
c. Vous devez connaître cette loi étudiée en classe de Première.

SOLUTION

a. On isole la quantité de matière n dans l'équation des gaz parfaits :
$PV = nRT \Leftrightarrow n = \dfrac{PV}{RT}$.
On convertit le volume et on calcule la température thermodynamique :
$V = 2{,}0\ L = 2{,}0 \times 10^{-3}\ m^3$ et $T = 25 + 273 = 298$ K.
On calcule la quantité de matière n :
$$n = \frac{1{,}0 \times 10^5 \times 2{,}0 \times 10^{-3}}{8{,}31 \times 298} = 8{,}1 \times 10^{-2}\ mol.$$
b. On isole la pression P dans l'équation des gaz parfaits :
$PV = nRT \Leftrightarrow P = \dfrac{nRT}{V}$.
On convertit le volume : $V = 1{,}0\ L = 1{,}0 \times 10^{-3}\ m^3$.
On calcule la pression P :
$$P = \frac{8{,}1 \times 10^{-2} \times 8{,}31 \times 298}{1{,}0 \times 10^{-3}} = 2{,}0 \times 10^5\ Pa.$$
c. On calcule pour les deux expériences le produit $P \times V$:
- Expérience 1 : $P \times V = 1{,}0 \times 10^5 \times 2{,}0 \times 10^{-3} = 2{,}0 \times 10^2\ Pa \cdot m^3$.
- Expérience 2 : $P \times V = 2{,}0 \times 10^5 \times 1{,}0 \times 10^{-3} = 2{,}0 \times 10^2\ Pa \cdot m^3$.

Les deux produits sont égaux. C'est la loi de Mariotte.

Bilan d'énergie d'un système

53

☐ OK

I Le premier principe de la thermodynamique

- Un système **fermé** (pas d'échange de matière avec l'extérieur) peut échanger avec l'extérieur de l'énergie sous forme de **travail** W si son volume V varie. Sa pression P ne varie pas et le travail a pour expression :

$$W = -P \times \Delta V$$
$$\Delta V = V_{\text{final}} - V_{\text{initial}}$$

W en joules (J) ; P en pascals (Pa) ; ΔV en mètres cubes (m^3).

W est positif si le système voit son volume diminuer et négatif dans le cas contraire.

- Un système fermé peut échanger avec un autre système de l'énergie sous forme d'**énergie thermique** Q lorsque les températures des deux systèmes sont différentes. Il s'agit d'un transfert thermique. L'énergie thermique est cédée par le système ayant la plus haute température au système ayant la plus basse température.

- W et Q sont positifs si le système reçoit de l'énergie et négatifs s'il en cède.

- **Premier principe de la thermodynamique.** La variation de l'énergie interne U d'un système entre un état initial et un état final est égale à la somme du travail W et de l'énergie thermique Q échangés entre ces deux états :

$$\Delta U = W + Q$$
$$\Delta U = U_{\text{final}} - U_{\text{initial}}$$

ΔU, W et Q en joules (J).

II Capacité thermique d'un système incompressible

- La **capacité thermique** C d'un système est égale à l'énergie thermique qu'il faut lui fournir pour augmenter sa température d'un kelvin.

- La variation d'énergie interne U d'un **système incompressible** (son volume ne varie pas), de capacité thermique C, et dont la variation de température entre un état initial et un état final est égale à ΔT a pour expression :

$$\Delta U = Q = C \times \Delta T$$
$$\Delta U = U_{\text{final}} - U_{\text{initial}}$$
$$\Delta T = T_{\text{final}} - T_{\text{initial}}$$

ΔU et Q en joules (J) ; C en joules par kelvin ($J \cdot K^{-1}$) ; T en kelvins (K).

Méthode

Réaliser l'étude énergétique d'un système

Un système fermé subit des transformations dont les états initiaux et finaux sont décrits dans le tableau ci-dessous :

Transformation	État initial	État final
n° 1	$t_{initial} = 20$ °C $P = 1{,}0 \times 10^5$ Pa $V_{initial} = 5{,}0$ m^3	$t_{final} = 20$ °C $P = 1{,}0 \times 10^5$ Pa $V_{final} = 3{,}0$ m^3
n° 2	$t_{initial} = 20$ °C $P = 1{,}0 \times 10^5$ Pa $V_{initial} = 6{,}0 \times 10^{-3}$ m^3	$t_{final} = -15$ °C $P = 1{,}0 \times 10^5$ Pa $V_{final} = 6{,}0 \times 10^{-3}$ m^3

Donnée : capacité thermique du système : $C = 500$ J · K^{-1}.

a. Calculer la variation d'énergie interne du système pour les transformations n° 1 et n° 2.

b. Identifier si le système a perdu ou gagné de l'énergie.

Conseils

a. Identifiez le fait que les températures initiale et finale sont les mêmes et que soit le volume du système a varié, soit la température du système a varié.

b. Rappelez-vous que $\Delta U = U_{final} - U_{initial}$.

SOLUTION

a. **Transformation n° 1.** La température n'ayant pas varié entre l'état initial et l'état final, l'énergie thermique échangée avec l'extérieur est nulle : $Q = 0$ J. On calcule le travail W échangé avec l'extérieur :

$W = -P \times \Delta V = -P \times (V_{final} - V_{initial})$

$W = -1{,}0 \times 10^5 \times (3{,}0 - 5{,}0) = 2{,}0 \times 10^5$ J.

On applique le premier principe de la thermodynamique :

$\Delta U = W + Q = 2{,}0 \times 10^5 + 0 = 2{,}0 \times 10^5$ J.

Transformation n° 2. Le volume n'ayant pas varié entre l'état initial et l'état final, le travail échangé avec l'extérieur est nul : $W = 0$ J.

On calcule l'énergie thermique Q échangée avec l'extérieur :

$Q = C \times \Delta T = C \times (T_{final} - T_{initial}) = 500 \times (-15 - 20) = -1{,}8 \times 10^4$ J.

On applique le premier principe de la thermodynamique :

$\Delta U = W + Q = 0 + (-1{,}8 \times 10^4) = -1{,}8 \times 10^4$ J.

b. Sachant que $\Delta U = U_{final} - U_{initial}$, on en déduit que si la variation d'énergie interne est positive, l'énergie interne du système augmente (transformation n° 1) et elle diminue dans le cas où elle est négative (transformation n° 2).

Les transferts thermiques

54

☐ OK

I Modes de transferts thermiques

- La convection thermique est un transfert effectué grâce à un mouvement de matière dans les fluides. La matière se déplace des régions les plus chaudes vers les régions les plus froides.
- La conduction thermique est un transfert ayant lieu entre deux corps à des températures différentes et en contact. Le transfert s'effectue de proche en proche grâce aux chocs incessants des molécules du corps le plus chaud vers le corps le plus froid. Il n'y a pas de déplacement de matière au cours de ce transfert.
- Le rayonnement thermique est un transfert qui s'effectue sans contact, même dans le vide, porté par des rayonnements électromagnétiques (de longueurs d'onde comprises entre 0,1 μm et 100 μm). Il n'y a pas de déplacement de matière au cours de ce transfert.

II Flux thermique et résistance thermique

On considère une paroi plane de surface S et d'épaisseur L, dont les deux faces sont à des températures différentes, notées T_1 et T_2.

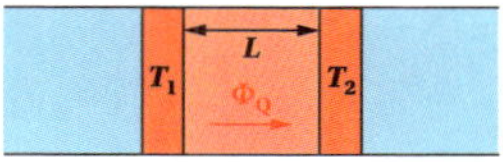

- Le flux thermique Φ_Q est égal à l'énergie thermique traversant la paroi par seconde, de la face de température T_1 vers la face de température T_2.

$$\Phi_Q = -\frac{\Delta T}{R_{th}} = -\frac{(T_2 - T_1)}{R_{th}}$$

Φ_Q en watts (W) ; T_1 et T_2 en kelvins (K) ; R_{th} résistance thermique en $K \cdot W^{-1}$.

- Si $T_2 > T_1$ alors $\Phi_Q < 0$: l'énergie thermique est transférée de la paroi de température T_2 vers celle de température T_1.
- Si $T_2 < T_1$ alors $\Phi_Q > 0$: l'énergie thermique est transférée de la paroi de température T_1 vers celle de température T_2.

À noter

L'énergie thermique est toujours transférée du corps le plus chaud vers le corps le plus froid.

- La résistance thermique s'exprime :

$$R_{th} = \frac{L}{\lambda \times S}$$

R_{th} en $K \cdot W^{-1}$; L en m ; S en m^2 ; λ conductivité thermique du matériau en $W \cdot K^{-1} \cdot m^{-1}$.

Méthode

Exploiter la relation entre le flux thermique et l'écart de température

On place une paroi de largeur $L = 3{,}6$ cm et de surface $S = 2{,}0$ m^2 entre deux thermostats aux températures respectives $t_1 = 20$ °C et $t_2 = 40$ °C. On note Φ_Q le flux thermique traversant la paroi de la surface 1 vers la surface 2.

La résistance thermique R_{th} de la paroi est égale à 20 K · W^{-1}.

a. Calculer la valeur du flux thermique Φ_Q.

b. Déterminer la température t_2 de la paroi en degrés Celsius, dans le cas où le flux thermique Φ_Q à travers cette paroi est égal à 2,5 W.

c. La résistance thermique a pour expression : $R_{th} = \dfrac{L}{\lambda \times S}$ avec L en mètres, S en mètres carrés et λ en W · K^{-1} · m^{-1}. Déterminer la valeur de la conductivité thermique λ du matériau composant la paroi.

Conseils

a. Rappelez-vous que la différence entre deux températures est la même, que les températures soient en kelvins ou en degrés Celsius.
b. Utilisez la relation entre le flux thermique et la différence de température afin d'isoler la température thermodynamique T_2 en kelvins.
c. Pensez à réaliser les conversions d'unité adéquates.

SOLUTION

a. Calculons le flux thermique :

$$\Phi_Q = -\frac{\Delta T}{R_{th}} = -\frac{(T_2 - T_1)}{R_{th}} = -\frac{(t_2 - t_1)}{R_{th}} = -\frac{(40 - 20)}{20} = -1{,}0 \text{ W}.$$

b. On a :

$$\Phi_Q = -\frac{\Delta T}{R_{th}} = -\frac{(T_2 - T_1)}{R_{th}} \Leftrightarrow -(T_2 - T_1) = \Phi_Q \times R_{th}$$

$$T_2 = T_1 - \Phi_Q \times R_{th} = (t_1 + 273) - \Phi_Q \times R_{th} = (20 + 273) - 2{,}5 \times 20$$

$T_2 = 243$ K donc $t_2 = T_2 - 273 = 243 - 273 = -30$ °C.

c. On isole la conductivité thermique :

$$R_{th} = \frac{L}{\lambda \times S} \Leftrightarrow \lambda = \frac{L}{R_{th} \times S}.$$

On convertit L en mètres : $L = 3{,}6 \text{ cm} = 3{,}6 \times 10^{-2}$ m.

On calcule la conductivité thermique du matériau :

$$\lambda = \frac{3{,}6 \times 10^{-2}}{20 \times 2{,}0} \Leftrightarrow \lambda = 9{,}0 \times 10^{-4} \text{ W} \cdot \text{K}^{-1} \cdot \text{m}^{-1}.$$

Bilan thermique du système Terre-atmosphère

55

☐ OK

I Bilan d'énergie de la Terre

- L'énergie reçue par le système Terre-atmosphère est essentiellement de l'énergie radiative en provenance du Soleil.

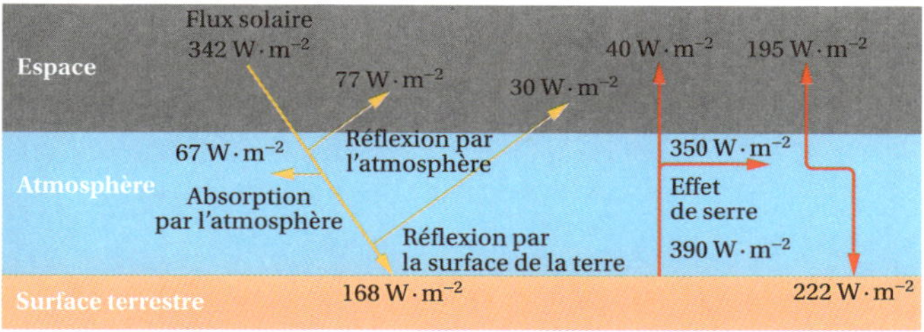

- L'albedo est le rapport du flux réfléchi total (77 + 30 = 107 $W \cdot m^{-2}$) sur le flux reçu, égal à environ 30 %.
- La surface terrestre émet un rayonnement infrarouge en partie vers l'espace et en partie absorbé par l'atmosphère. L'atmosphère émet alors un rayonnement en direction de l'espace et vers la surface de la Terre. C'est l'effet de serre.

> **À noter**
> L'effet de serre est dû à certains gaz de l'atmosphère : vapeur d'eau, dioxyde de carbone, méthane.

- Le bilan global radiatif du système Terre-atmosphère est nul car le flux d'énergie reçu depuis l'espace (342 $W \cdot m^{-2}$) est égal au flux sortant ($77 + 30 + 40 + 195 = 342$ $W \cdot m^{-2}$) : la température moyenne sur Terre reste constante au cours du temps.

II La température moyenne de la Terre

La formule de Stefan-Boltzmann permet de calculer la température de surface de la Terre à partir du flux radiatif émis par celle-ci (390 $W \cdot m^{-2}$) :

$$\phi = \sigma \times T^4$$

ϕ puissance émise par unité de surface en $W \cdot m^{-2}$; T en kelvins (K) ; σ constante de Stefan-Boltzmann $\sigma = 5{,}67 \times 10^{-8}$ $W \cdot m^{-2} \cdot K^{-4}$

La température obtenue est égale à 288 K (15 °C). La différence avec la température (–18 °C) calculée avec le rayonnement émis vers l'espace est due à l'effet de serre.

Méthode

Effectuer un bilan quantitatif d'énergie et estimer une température

La surface terrestre reçoit un flux d'énergie réparti ainsi :

Flux	rayonnement UV, visible émis par le Soleil	rayonnement infrarouge émis par l'atmosphère
Valeur ($W \cdot m^{-2}$)	168	222

La surface terrestre émet un flux d'énergie réparti ainsi :

Flux	rayonnement infrarouge émis vers l'atmosphère	rayonnement infrarouge émis vers l'espace
Valeur ($W \cdot m^{-2}$)	350	40

a. Réaliser le bilan global d'énergie de la surface de la Terre.

b. Calculer la température de surface de la Terre, en degrés Celsius, la formule de Stefan-Boltzmann étant donnée : $\phi = \sigma \times T^4$ avec ϕ puissance émise par unité de surface en $W \cdot m^{-2}$; T en kelvins (K) ; σ constante de Stefan-Boltzmann $\sigma = 5{,}67 \times 10^{-8}\ W \cdot m^{-2} \cdot K^{-4}$.

c. Pour quelle raison tout le rayonnement infrarouge émis par la surface de la Terre n'est-il pas émis vers l'espace ?

Conseils

a. Un bilan consiste à soustraire aux gains d'énergie, les pertes d'énergie.
b. La Terre émet des rayonnements infrarouges.

SOLUTION

a. Le bilan global d'énergie de la surface de la Terre s'écrit :
$\Delta\phi$ = somme des flux d'énergies reçues – somme des flux d'énergies perdues
$\Delta\phi = (168 + 222) - (350 + 40) = 390 - 390 = 0\ W \cdot m^{-2}$.

b. $\phi = \sigma \times T^4 \Leftrightarrow T^4 = \dfrac{\phi}{\sigma} \Leftrightarrow T = \left(\dfrac{\phi}{\sigma}\right)^{1/4}$.

Flux associé au rayonnement infrarouge : $\phi = 350 + 40 = 390\ W \cdot m^{-2}$.

$T = \left(\dfrac{390}{5{,}67 \times 10^{-8}}\right)^{1/4} = 288$ K. Soit en degrés Celsius :

$T = t + 273 \Leftrightarrow t = T - 273 = 288 - 273 = 15\ °C$.

c. Le rayonnement infrarouge est absorbé en partie par l'atmosphère : c'est l'effet de serre.

Évolution de la température d'un système

56

☐ OK

I Bilan d'énergie d'un système incompressible

- Un système incompressible (c'est-à-dire dont le volume ne peut pas varier) et au contact d'un thermostat échange uniquement de l'énergie thermique Q. Si on note C la capacité thermique de ce système, le premier principe de la thermodynamique donne la variation de l'énergie interne U d'un tel système ▶ FICHE 53 :

Mot clé

Un **thermostat** est un système qui peut échanger de la chaleur afin de garder sa température constante au cours du temps.

$$\Delta U = Q = C \times \Delta T = C \times (T_{\text{final}} - T_{\text{initial}}).$$

La température du système, initialement à une valeur $T_{\text{initial}} = T_0$, évolue pour atteindre la valeur $T_{\text{final}} = T_{\text{thermostat}}$.

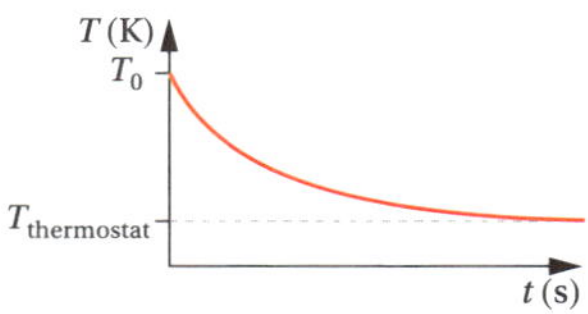

- La loi phénoménologique de Newton exprime la variation temporelle de la température T d'un système incompressible :

$$\frac{dT(t)}{dt} = -\alpha \times (T(t) - T_{\text{thermostat}})$$

T et $T_{\text{thermostat}}$ en kelvins (K) ; α en s^{-1} ; t en secondes (s).

α est une constante positive caractéristique du système.

II Modélisation de l'évolution de la température d'un système

La loi de Newton est une équation différentielle du premier ordre à coefficients constants avec un second membre constant :

$$\frac{dT(t)}{dt} = -\alpha \times (T(t) - T_{\text{thermostat}}) \Leftrightarrow \frac{dT(t)}{dt} + \alpha \times T(t) = \alpha \times T_{\text{thermostat}}.$$

La solution d'une telle équation différentielle a pour expression :

$$T(t) = A + B \times e^{-\alpha t}$$

Les coefficients A et B sont déterminés à partir de la condition initiale et de la condition finale associées à la température $T(t)$: $T(0) = T_0$ et $T(t \rightarrow \infty) = T_{\text{thermostat}}$.

Méthode

Suivre et modéliser l'évolution d'une température

Un système incompressible possède une température initiale $t = 20$ °C. On le met au contact d'un thermostat dont la température est égale à 40 °C.

a. Quelle sera la température finale du système ?

b. Déterminer l'expression de la température en fonction du temps, solution de l'équation différentielle associée à la loi de Newton :
$\frac{dT(t)}{dt} = -\alpha \times (T(t) - T_{\text{thermostat}})$.

c. Sachant que le coefficient α est égal à 0,30 min^{-1}, calculer la valeur de la température du système au bout d'une durée égale à 200 secondes.

Conseils

a. Rappelez-vous qu'un thermostat est un système dont la température reste constante au cours du temps.

b. Rappelez-vous que la solution générale a pour expression :
$T(t) = A + B \times e^{-\alpha t}$.

c. Pensez à convertir α en s^{-1} : $1\ \text{min}^{-1} = \frac{1}{60}\ s^{-1}$.

SOLUTION

a. La température finale est égale à celle du thermostat : 40 °C.

b. La solution générale a pour expression $T(t) = A + B \times e^{-\alpha t}$.

On exprime la condition initiale et la condition finale associées à la température $T(t)$ pour trouver A et B :

$T(0) = T_0$ et $T(t \to \infty) = T_{\text{thermostat}}$

$$T(0) = T_0 \Leftrightarrow A + B \times e^{-\alpha \times 0} = T_0 \Leftrightarrow A + B = T_0$$

$$\lim_{t \to \infty}\left(A + B \times e^{-\alpha t}\right) = T_{\text{thermostat}} \Leftrightarrow A + B \times 0 = T_{\text{thermostat}} \Leftrightarrow A = T_{\text{thermostat}}.$$

$$A + B = T_0 \Leftrightarrow T_{\text{thermostat}} + B = T_0 \Leftrightarrow B = T_0 - T_{\text{thermostat}}.$$

Donc : $T(t) = T_{\text{thermostat}} + (T_0 - T_{\text{thermostat}}) \times e^{-\alpha t}$.

c. On convertit α en s^{-1} : $\alpha = 0{,}30\ \text{min}^{-1} = \frac{0{,}30}{60}\ s^{-1} = 5{,}0 \times 10^{-3}\ s^{-1}$.

La température en fonction du temps a pour expression :
$T(t) = 40 + (20 - 40) \times e^{-\alpha t} = 40 - 20 \times e^{-5{,}0 \times 10^{-3} \times t}$.

On calcule la température du système au bout de 200 secondes :
$T(t = 200) = 40 - 20 \times e^{-5{,}0 \times 10^{-3} \times 200} = 33$ °C.

Quiz EXPRESS

57

Avez-vous bien révisé les fiches 52 à 56 ? On vérifie !

1 Le modèle du gaz parfait

FICHE 52

La loi des gaz parfaits peut s'écrire :

☐ a. $P \times V = n \times \mathrm{R} \times T$ ☐ b. $P = \dfrac{n \times \mathrm{R} \times T}{V}$ ☐ c. $n = \dfrac{P \times V}{\mathrm{R} \times T}$

2 Bilan d'énergie d'un système

FICHE 53

L'énergie thermique échangée entre un système et l'extérieur a pour expression :

☐ a. $Q = C \times (T_{\text{final}} + T_{\text{initial}})$ ☐ b. $Q = C \times (T_{\text{initial}} - T_{\text{final}})$

☐ c. $Q = C \times (T_{\text{final}} - T_{\text{initial}})$

3 Les transferts thermiques

FICHE 54

L'expression du flux thermique Φ_Q allant de 1 vers 2 est :

☐ a. $\Phi_Q = \dfrac{\Delta T}{R_{\text{th}}} = \dfrac{(T_2 - T_1)}{R_{\text{th}}}$ ☐ b. $\Phi_Q = -\dfrac{\Delta T}{R_{\text{th}}} = -\dfrac{(T_2 + T_1)}{R_{\text{th}}}$

☐ c. $\Phi_Q = -\dfrac{\Delta T}{R_{\text{th}}} = -\dfrac{(T_2 - T_1)}{R_{\text{th}}}$

4 Bilan thermique du système Terre-atmosphère

FICHE 55

La formule de Stefan-Boltzmann est :

☐ a. $\phi = \sigma \times T^4$ ☐ b. $\phi = \dfrac{\sigma}{T^4}$ ☐ c. $\phi = \sigma + T^4$

5 Évolution de la température d'un système

FICHE 56

La loi phénoménologique de Newton a pour expression :

☐ a. $\dfrac{\mathrm{d}T(t)}{\mathrm{d}t} = \alpha \times (T(t) - T_{\text{thermostat}})$

☐ b. $\dfrac{\mathrm{d}T(t)}{\mathrm{d}t} = -\alpha \times (T(t) - T_{\text{thermostat}})$

CORRIGÉS

1 Le modèle du gaz parfait

Réponses a, b et c. La loi des gaz parfaits peut s'écrire sous ces trois formes :

$$P \times V = n \times \mathrm{R} \times T \Leftrightarrow P = \frac{n \times \mathrm{R} \times T}{V} \Leftrightarrow n = \frac{P \times V}{\mathrm{R} \times T}.$$

2 Bilan d'énergie d'un système

Réponse c. L'énergie thermique est égale au produit de la capacité thermique du système par la variation de température entre l'état initial et final $\Delta T = T_{\text{final}} - T_{\text{initial}}$: $Q = C \times \left(T_{\text{final}} - T_{\text{initial}}\right)$.

3 Les transferts thermiques

Réponse c. L'expression du flux thermique Φ_{Q} allant de la paroi 1 vers la paroi 2 est égal à la différence de température entre les deux parois $(T_2 - T_1)$ et doit être négatif si la température T_2 est supérieure à la température T_1 : $\Phi_{\mathrm{Q}} = -\dfrac{\Delta T}{R_{\text{th}}} = -\dfrac{\left(T_2 - T_1\right)}{R_{\text{th}}}$.

4 Bilan thermique du système Terre-atmosphère

Réponse a. Le flux Φ est proportionnel à la puissance 4 de la température exprimée en kelvins : $\phi = \sigma \times T^4$.

5 Évolution de la température d'un système

Réponse b. La loi phénoménologique de Newton a pour expression :

$$\frac{\mathrm{d}T(t)}{\mathrm{d}t} = -\alpha \times \left(T(t) - T_{\text{thermostat}}\right).$$

Intensité sonore et atténuation

58

☐ OK

I Intensité sonore et niveau d'intensité sonore

- Le son est une **onde mécanique progressive** qui se propage de proche en proche dans un milieu matériel (air, eau, acier…).
- L'**intensité sonore**, notée *I*, est liée à l'amplitude de l'onde sonore. Elle est une fonction croissante de l'amplitude et s'exprime en watts par mètre carré ($W \cdot m^{-2}$).
- Le **seuil d'audibilité** d'un son est fixé à une valeur d'intensité sonore $I_0 = 1{,}0 \times 10^{-12}\ W \cdot m^{-2}$.
- Le **niveau d'intensité sonore**, noté *L*, permet de prendre en compte la variation de la sensation auditive en fonction de l'intensité sonore :

$$L = 10 \times \log\left(\frac{I}{I_0}\right)$$

L en dB ;
I et I_0 en $W \cdot m^{-2}$.

II Atténuation d'un signal sonore

- L'**atténuation géométrique** d'un son est liée à l'éloignement progressif de l'onde de sa source au cours de la propagation. Pour une source ponctuelle, émettant une puissance sonore P_{source}, l'énergie se répartit sur des sphères de rayon *r* croissant.

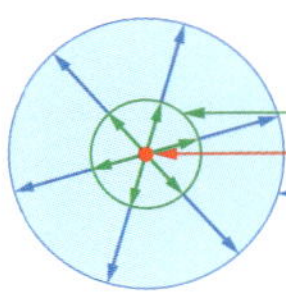

$$I(r) = \frac{P_{source}}{4\pi \times r^2}$$

I en $W \cdot m^{-2}$;
P_{source} en W ;
r en m.

- On peut aussi exprimer l'atténuation géométrique **en décibels** :

$$L(r) = L_{source} - 10 \times \log(4\pi) - 20 \times \log(r)$$

L en dB ; *r* en m.

- L'**atténuation par absorption** d'un son est due aux chocs entre les molécules de l'air qui dissipent une partie de l'énergie sonore en la transformant en énergie thermique. Cette atténuation augmente avec la fréquence de l'onde. Elle s'ajoute à l'atténuation géométrique.

Méthode

Calculer et exploiter un niveau d'intensité sonore

Un sonomètre est un appareil de mesure qui permet de déterminer le niveau d'intensité sonore en un point, exprimé en décibels. On place des sonomètres à différentes distances d'un haut-parleur (source sonore) :

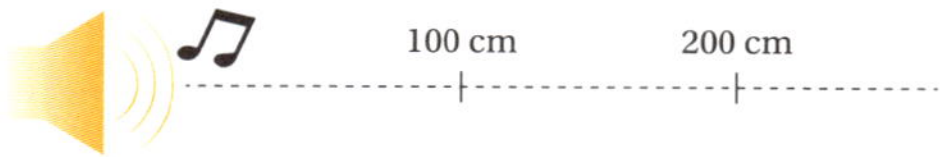

a. Calculer le niveau d'intensité sonore mesuré par le sonomètre placé à 100 cm sachant que l'intensité sonore est égale à $7{,}9 \times 10^{-9}$ W · m^{-2}.

b. Calculer le niveau d'intensité sonore mesuré par le sonomètre placé à 200 cm sachant que le niveau sonore au niveau du haut-parleur est égal à 50 dB.

c. Calculer l'intensité sonore I correspondant à un sonomètre qui mesure un niveau d'intensité sonore égal à 27 dB.

Donnée : intensité sonore du seuil d'audibilité d'un son : $I_0 = 1{,}0 \times 10^{-12}$ W · m^{-2}.

Conseils

a. La valeur trouvée doit être donnée avec deux chiffres significatifs.
b. Convertissez la distance en mètres avant d'appliquer la formule : 1 cm = 1×10^{-2} m.
c. Il faut savoir que les fonctions $\log(x)$ et 10^x sont inverses l'une de l'autre : $\log(10^x) = x$ et $10^{\log(x)} = x$.

SOLUTION

a. On applique la formule de l'intensité sonore :

$$L = 10 \times \log\left(\frac{I}{I_0}\right) = 10 \times \log\left(\frac{7{,}9 \times 10^{-9}}{1{,}0 \times 10^{-12}}\right) = 39 \text{ dB}.$$

b. On applique la formule de l'atténuation géométrique, en convertissant la distance (notée r) en mètres : $r = 200$ cm $= 2{,}00$ m.

$$L(2{,}0 \text{ m}) = L_{\text{source}} - 10 \times \log(4\pi) - 20 \times \log(r)$$

$$L(2{,}0 \text{ m}) = 50 - 10 \times \log(4\pi) - 20 \times \log(2{,}00) = 33 \text{ dB}.$$

c. On exprime l'intensité sonore à partir de la formule du niveau d'intensité sonore :

$$L = 10 \times \log\left(\frac{I}{I_0}\right) \Leftrightarrow \log\left(\frac{I}{I_0}\right) = \frac{L}{10} \Leftrightarrow \frac{I}{I_0} = 10^{\frac{L}{10}} \Leftrightarrow I = I_0 \times 10^{\frac{L}{10}}$$

$$I = I_0 \times 10^{\frac{L}{10}} = 1{,}0 \times 10^{-12} \times 10^{\frac{27}{10}} = 5{,}0 \times 10^{-10} \text{ W} \cdot \text{m}^{-2}.$$

Diffraction d'une onde

59

☐ OK

I Condition de diffraction d'une onde

La diffraction est un phénomène qui se produit lorsqu'une onde périodique (qu'elle soit de nature lumineuse ou mécanique) rencontre une ouverture ou un obstacle de **dimension inférieure ou de l'ordre de grandeur** de la longueur d'onde.

Exemple : une onde mécanique périodique de longueur d'onde λ, se propageant à la surface de l'eau et rencontrant une digue dans laquelle est pratiquée une ouverture de largeur a, peut être diffractée si $a < \lambda$.

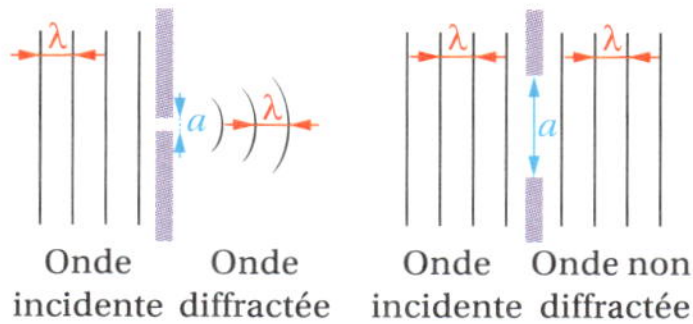

II Expérience de diffraction d'un faisceau lumineux

- Pour une onde lumineuse monochromatique traversant une fente fine, on observe sur un écran une série de taches lumineuses entrecoupées d'extinction : c'est la **figure de diffraction** de l'onde à travers la fente.

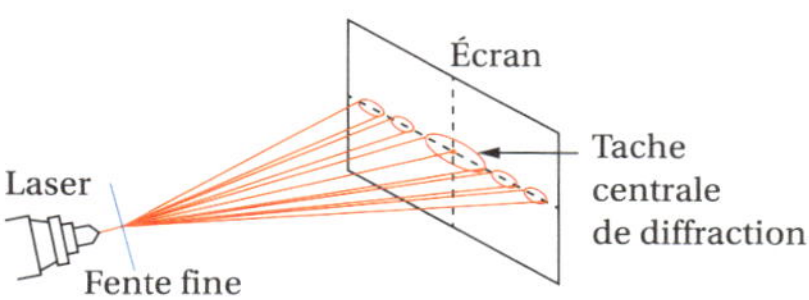

À noter
La figure de diffraction est perpendiculaire à l'axe de la fente.

- Pour caractériser le phénomène de diffraction, on définit l'**écart angulaire** θ entre le centre de la tache centrale et la première extinction. Il peut s'exprimer en fonction de la longueur d'onde λ de la radiation lumineuse et de la largeur de la fente a :

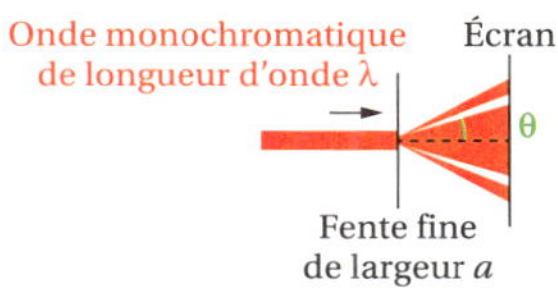

$$\theta = \frac{\lambda}{a}$$

θ en rad ;
a et λ en m.

Méthode

Déterminer la longueur d'onde d'une lumière laser

On éclaire avec une lumière laser de longueur d'onde λ une fente de largeur a égale à 32,5 µm. On obtient sur l'écran, situé à une distance $D = 2{,}00$ m, une figure de diffraction avec une tache centrale de longueur $L = 8{,}60$ cm.

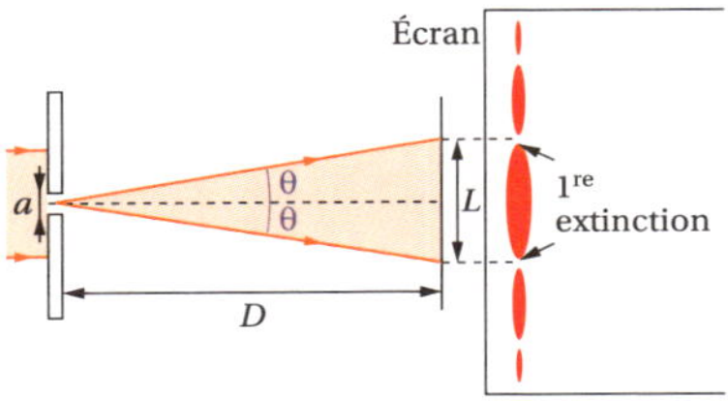

a. Exprimer l'écart angulaire θ en fonction de D et de L.

b. Identifier les deux expressions de l'écart angulaire et isoler la longueur d'onde.

c. Calculer la longueur d'onde en mètres.

Conseils

a. Dans le triangle rectangle où θ est un des angles, appliquez la formule de la tangente : $\tan(\theta) = \dfrac{\text{côté opposé}}{\text{côté adjacent}}$ puis utilisez la relation dans le cas des petits angles (applicable ici) : $\tan(\theta) \approx \theta$.

b. Rappelez-vous de la formule de l'écart angulaire.

c. Pensez à convertir toutes les longueurs en mètres. Les conversions suivantes doivent être connues : $1\ \mu\text{m} = 1 \times 10^{-6}$ m et $1\ \text{cm} = 1 \times 10^{-2}$ m.

SOLUTION

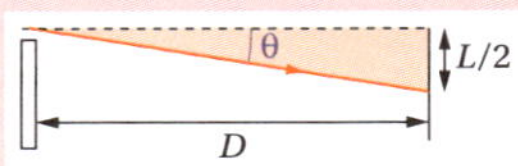

a. $\tan(\theta) = \dfrac{L/2}{D} = \dfrac{L}{2 \times D}$

avec $\theta \approx \tan(\theta)$

donc $\theta = \dfrac{L}{2 \times D}$.

b. $\theta = \dfrac{L}{2 \times D} = \dfrac{\lambda}{a} \Leftrightarrow \lambda = \dfrac{L \times a}{2 \times D}$.

c. $\lambda = \dfrac{L \times a}{2 \times D} = \dfrac{8{,}60 \times 10^{-2} \times 32{,}5 \times 10^{-6}}{2 \times 2{,}00} = 6{,}99 \times 10^{-7}\ \text{m}$.

Interférences de deux ondes

60

☐ OK

I | L'expérience des trous d'Young

● La lumière monochromatique émise par une source de petite dimension passe par deux fentes fines et verticales. On place un écran derrière les deux fentes. On obtient sur l'écran une zone atteinte par les lumières issues des deux fentes.

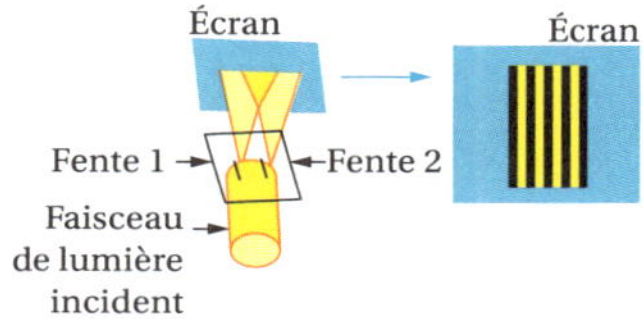

● On observe une série régulière de bandes verticales alternativement sombres et brillantes, appelées franges : c'est le phénomène d'interférences lumineuses.

● L'interfrange i d'une figure d'interférences est égale à la distance entre deux franges brillantes (ou sombres) successives. Elle dépend à la fois de la longueur d'onde λ commune aux ondes qui interfèrent et du dispositif expérimental : la distance D entre le support des deux fentes et l'écran, et l'écartement a entre les deux fentes.

$$i = \frac{\lambda \times D}{a}$$

i, λ, D et a en mètres (m).

II | Interférences constructives et destructives

● Deux ondes doivent être cohérentes pour pouvoir interférer.

• Si l'on obtient une frange brillante (onde lumineuse), une crête ou un creux (onde à la surface de l'eau), les interférences sont constructives.

Mot clé

Deux ondes sont **cohérentes** si elles sont sinusoïdales, si leurs fréquences sont égales et si leur déphasage est constant.

• Si l'on obtient une frange sombre (onde lumineuse) ou un plat (onde à la surface de l'eau), les interférences sont destructives.

● La différence de marche δ de l'onde entre les points source S_1 et S_2, et le point M où les ondes se superposent permet de savoir si les interférences sont constructives ou destructives : $\delta = S_1M - S_2M$.

Interférences constructives	$\delta = k \times \lambda$, avec k entier naturel.
Interférences destructives	$\delta = (2 \times k + 1) \times \lambda/2$ avec k entier naturel.

Méthode

Déterminer la longueur d'onde d'une lumière monochromatique

On réalise l'expérience des trous d'Young schématisée ci-dessous :

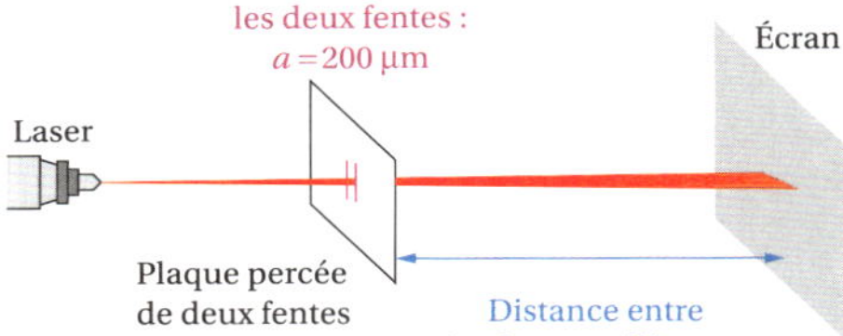

a. Donner l'expression de l'interfrange i.

b. Exprimer la longueur d'onde en fonction de l'interfrange et des paramètres de l'expérience.

c. Calculer la longueur d'onde en mètres, sachant que l'interfrange mesurée est égale à 0,875 mm.

Conseils

a. Appliquez la formule de l'interfrange.

c. Convertissez toutes les longueurs en mètres. Les conversions suivantes doivent être connues : $1\ \mu m = 1 \times 10^{-6}$ m, $1\ mm = 1 \times 10^{-3}$ m et $1\ cm = 1 \times 10^{-2}$ m.

SOLUTION

a. L'expression de l'interfrange est : $i = \dfrac{\lambda \times D}{a}$.

b. On exprime la longueur d'onde à partir de l'expression précédente :

$$i = \frac{\lambda \times D}{a} \Leftrightarrow \lambda = \frac{i \times a}{D}.$$

c. On convertit toutes les longueurs en mètres :

$a = 200\ \mu m = 200 \times 10^{-6}$ m ;

$D = 40{,}0\ cm = 40{,}0 \times 10^{-2}$ m ;

$i = 0{,}875\ mm = 0{,}875 \times 10^{-3}$ m.

On calcule la valeur de la longueur d'onde :

$$\lambda = \frac{i \times a}{D} = \frac{0{,}875 \times 10^{-3} \times 200 \times 10^{-6}}{40{,}0 \times 10^{-2}} = 4{,}38 \times 10^{-7}\ m.$$

Effet Doppler

61

☐ OK

I La fréquence perçue par l'observateur

- On considère une source d'ondes périodiques de fréquence ν_{source} en mouvement rectiligne avec une vitesse V_{source} par rapport à un observateur fixe. On note c la célérité des ondes. La fréquence ν_{obs} perçue par l'observateur est donnée par :

$$\nu_{obs} = \frac{c}{c - V_{source}} \times \nu_{source}$$

ν_{obs} et ν_{source} en hertz (Hz) ;
c et V_{source} en mètres par seconde ($m \cdot s^{-1}$).

- Pour une source qui s'éloigne (fig. 1), la vitesse V_{source} est comptée négativement, ce qui implique : $\nu_{source} > \nu_{obs}$.
- Pour une source qui se rapproche (fig. 2), la vitesse V_{source} est comptée positivement, ce qui implique : $\nu_{source} < \nu_{obs}$.

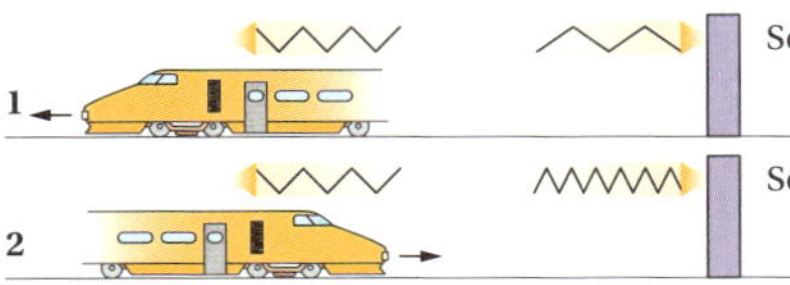

Fig. 1 — Son perçu plus grave

Fig. 2 — Son perçu plus aigu

II Application de l'effet Doppler à l'astrophysique

- La célérité c d'une radiation lumineuse, de longueur d'onde λ et de fréquence ν, a pour expression :

$$c = \lambda \times \nu$$

c en $m \cdot s^{-1}$; λ en m ; ν en Hz.

On constate que la longueur d'onde et la fréquence sont inversement proportionnelles.

- En 1929, Edwin Hubble a mis en évidence que la lumière émise par une galaxie comportait des radiations qui possédaient des longueurs d'onde toutes décalées vers de plus grandes valeurs : c'est le décalage vers le rouge.

> **À noter**
> Entre 400 nm et 800 nm, la couleur des radiations lumineuses passe du bleu au rouge.

- Ce décalage vers le rouge implique que les fréquences associées diminuent : d'après l'effet Doppler, la galaxie doit alors s'éloigner de nous. C'est une preuve de l'expansion de l'Univers.

Méthode

Exploiter l'effet Doppler

Un son émis par un véhicule en mouvement est détecté par un microphone. Un système d'acquisition des données permet d'obtenir sur l'écran d'un ordinateur une visualisation du signal sonore.

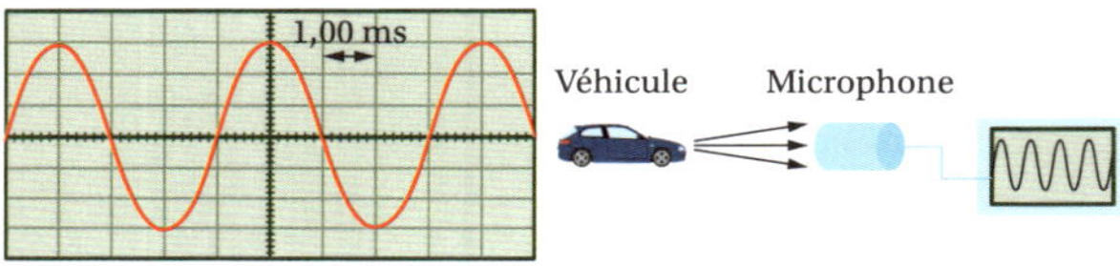

a. Déterminer la fréquence perçue à l'aide de l'enregistrement.

b. Donner l'expression de la vitesse du véhicule en fonction de la fréquence perçue par l'observateur et celle de la source, puis la calculer.

c. Le système s'éloigne-t-il ou s'approche-t-il de l'observateur ?

Données : vitesse du son : $c = 340\ \text{m} \cdot \text{s}^{-1}$;
fréquence de la source : $\nu_{\text{source}} = 280$ Hz.

Conseils

a. Pensez à convertir la période en secondes avant de calculer la fréquence.
b. Appliquez la formule puis isolez la vitesse V_{source}.
c. Rappelez-vous que le signe de la vitesse indique si la source s'éloigne ou se rapproche.

SOLUTION

a. Par lecture graphique, on trouve la période T. On compte quatre divisions horizontales et une division correspond à 1,00 ms.
$T = 4 \times 1{,}00 = 4{,}00$ ms.

On calcule la fréquence : $\nu_{\text{obs}} = \dfrac{1}{T} = \dfrac{1}{4{,}00 \times 10^{-3}} = 2{,}50 \times 10^{2}$ Hz.

b. La formule de la fréquence perçue est :

$$\nu_{\text{obs}} = \frac{c}{c - V_{\text{source}}} \times \nu_{\text{source}} \quad (1)$$

On isole V_{source} :

$$(1) \Leftrightarrow c - V_{\text{source}} = \frac{c \times \nu_{\text{source}}}{\nu_{\text{obs}}} \Leftrightarrow V_{\text{source}} = c - \frac{c \times \nu_{\text{source}}}{\nu_{\text{obs}}}$$

$$V_{\text{source}} = 340 - \frac{340 \times 280}{250} = -41\ \text{m} \cdot \text{s}^{-1}.$$

c. La vitesse calculée étant négative, on en déduit que le véhicule s'éloigne.

Quiz EXPRESS

62

Avez-vous bien révisé les fiches 58 à 61 ? On vérifie !

1 Intensité sonore et atténuation

FICHE 58

Le niveau d'intensité sonore L, en fonction de l'intensité sonore I et de I_0, associée au seuil d'audibilité d'un son, est :

☐ **a.** $L = 10 \times \log\left(\frac{I}{I_0}\right)$ ☐ **b.** $L = \log\left(\frac{I}{I_0}\right)$ ☐ **c.** $L = 10 \times \log\left(\frac{I_0}{I}\right)$

2 Diffraction d'une onde

FICHE 59

L'écart angulaire θ entre le centre de la tache centrale et la première extinction a pour expression, en fonction de la largeur de l'orifice a et de la longueur d'onde λ :

☐ **a.** $\theta = \frac{a}{\lambda}$ ☐ **b.** $\theta = a \times \lambda$ ☐ **c.** $\theta = \frac{\lambda}{a}$

3 Interférences de deux ondes

FICHE 60

1. L'interfrange i d'une figure d'interférences sur un écran placé à une distance D, en fonction de la longueur d'onde λ et de la distance entre les deux sources a, est :

☐ **a.** $i = \frac{a}{\lambda \times D}$ ☐ **b.** $i = \frac{\lambda \times D}{a}$ ☐ **c.** $i = \frac{\lambda + D}{a}$

2. Lorsque l'on obtient une frange sombre :

☐ **a.** il s'agit d'interférences destructives entre les deux ondes.

☐ **b.** il s'agit d'interférences constructives entre les deux ondes.

☐ **c.** la différence de marche est égale à : $\delta = (2 \times k + 1) \times \lambda/2$, avec k entier naturel.

4 Effet Doppler

FICHE 61

1. Pour une source qui s'éloigne :

☐ **a.** $\nu_{source} = \nu_{obs}$ ☐ **b.** $\nu_{source} > \nu_{obs}$ ☐ **c.** $\nu_{source} < \nu_{obs}$

2. La relation mathématique donnant la fréquence perçue par l'observateur est :

☐ **a.** $\nu_{obs} = \frac{c}{c - V_{source}} \times \nu_{source}$ ☐ **b.** $\nu_{obs} = \frac{c}{c + V_{source}} \times \nu_{source}$

CORRIGÉS

1 Intensité sonore et atténuation

Réponse a. Le niveau d'intensité sonore L a pour expression : $L = 10 \times \log\left(\frac{I}{I_0}\right)$.

2 Diffraction d'une onde

Réponse c. L'écart angulaire θ entre le centre de la tache centrale et la première extinction a pour expression : $\theta = \frac{\lambda}{a}$.

3 Interférences de deux ondes

1. Réponse b. L'interfrange est : $i = \frac{\lambda \times D}{a}$.

2. Réponses a et c. La proposition **b** est incorrecte car si les interférences sont constructives entre les deux ondes lumineuses, on obtient une frange lumineuse. Dans ce cas, la différence de marche est : $\delta = k \times \lambda/2$, avec k entier naturel.

4 Effet Doppler

1. Réponse b. La relation **a** est incorrecte car elle correspond au cas où la source est immobile. La relation **c** est incorrecte car elle correspond au cas où la source se rapproche.

2. Réponse a. La fréquence perçue par l'observateur est : $\nu_{obs} = \frac{c}{c - V_{source}} \times \nu_{source}$.

- Si la source s'**éloigne** ($V_{source} < 0$) : $\nu_{source} > \nu_{obs}$.

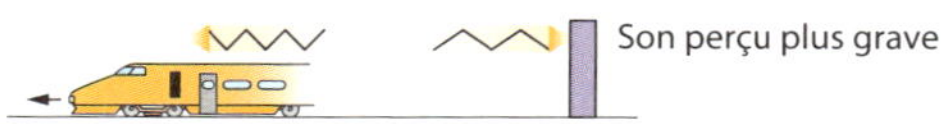

- Si la source **se rapproche** ($V_{source} > 0$) : $\nu_{source} < \nu_{obs}$.

La lunette astronomique

63

☐ OK

I Caractéristiques et principe

- Une lunette astronomique est composée de **deux lentilles convergentes**.
  - La lentille L_1 située à l'entrée de la lunette sert d'**objectif** : elle capte la lumière de l'astre et en forme une image en son foyer image. Elle a une très grande distance focale f_1', de l'ordre du mètre.
  - La lentille L_2, qui est placée en sortie de la lunette, a le rôle d'**oculaire** : elle grossit l'image obtenue par l'objectif et la rejette à l'infini pour qu'elle puisse être observée par l'œil. Elle a une distance focale f_2' de l'ordre du centimètre.

> **Mot clé**
> Un objet (ou une image) situé(e) **à l'infini** a ses rayons lumineux qui arrivent (ou partent) tous parallèles entre eux sur (de) la lentille.

- L'objet AB est situé à l'infini. L'image A″B″ donnée par la lunette est rejetée à l'infini. Ainsi, AB et A″B″ sont à l'infini : on dit que la lunette est un système afocal.

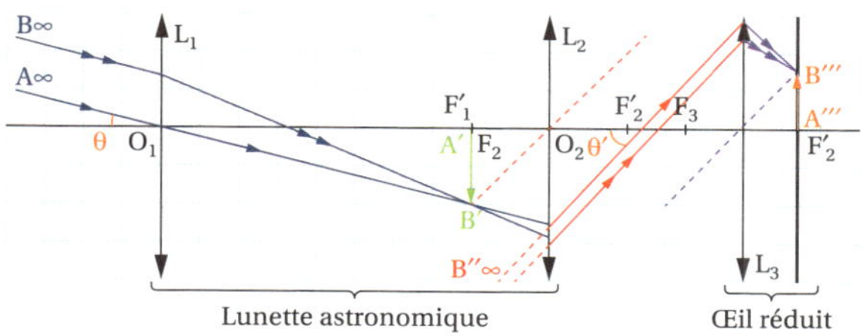

II Grossissement d'une lunette astronomique

- Le **diamètre apparent** d'un objet est défini par l'angle formé par les points extrêmes de l'objet (A et B ou A″ et B″) et l'œil de l'observateur.
- Le **grossissement** G d'une lunette astronomique est égal au rapport entre le diamètre apparent de l'astre observé à travers la lunette (θ') et le diamètre apparent de l'astre observé à l'œil nu (θ). C'est une caractéristique de la lunette :

$$G = \frac{\theta'}{\theta} = \frac{f_1'}{f_2'}$$

θ et θ' diamètres apparents en radians ;
f_1' et f_2' distances focales de l'objectif et de l'oculaire de la lunette en mètres.

Méthode

Exprimer les diamètres apparents, en déduire le grossissement

On s'intéresse à une lunette astronomique dont les distances focales sont $f_1' = 1{,}15$ m pour l'objectif (L_1) et $f_2' = 25$ cm pour l'oculaire (L_2).

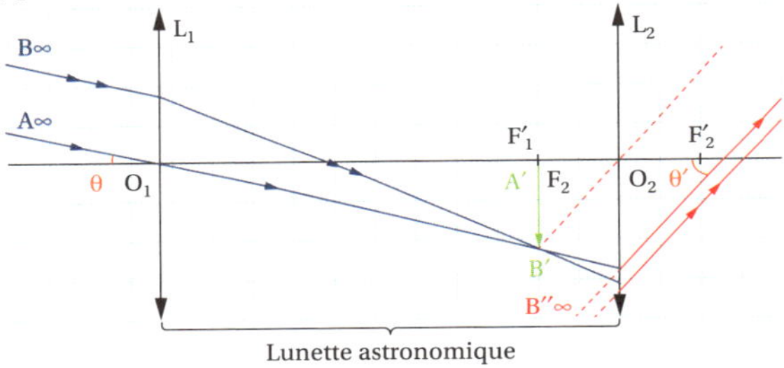

a. Exprimer θ en fonction de $A'B'$ et f_1', et θ' en fonction de $A'B'$ et f_2'.

b. Exprimer le grossissement de la lunette en fonction de f_1' et f_2'.

c. Calculer la valeur du grossissement.

Conseils

a. Souvenez-vous que deux droites parallèles coupées par une sécante forment des angles alternes-internes égaux et que deux angles opposés par leurs sommets sont égaux. Les angles θ et θ' étant très petits, appliquez l'**approximation des petits angles** : $\tan\theta = \theta$ et $\tan\theta' = \theta'$.

c. Exprimez les valeurs d'une même grandeur toutes dans la même unité.

SOLUTION

a. Dans le triangle $O_1F_1'B'$: $\tan\theta = \dfrac{A'B'}{O_1F_1'}$ et $O_1F_1' = f_1'$.

Dans le triangle O_2F_2B' : $\tan\theta' = \dfrac{A'B'}{O_2F_2}$ et $O_2F_2 = f_2'$.

D'après l'approximation des petits angles :

$\theta = \tan\theta = \dfrac{A'B'}{f_1'}$ et $\theta' = \tan\theta' = \dfrac{A'B'}{f_2'}$.

b. On sait que $G = \dfrac{\theta'}{\theta}$ soit $G = \dfrac{\frac{A'B'}{f_2'}}{\frac{A'B'}{f_1'}} = \dfrac{A'B'}{f_2'} \times \dfrac{f_1'}{A'B'}$ d'où $G = \dfrac{f_1'}{f_2'}$.

c. $G = \dfrac{f_1'}{f_2'} = \dfrac{1{,}15}{25 \times 10^{-3}} = 4{,}6$. La lunette a un grossissement de 4,6.

Effet photoélectrique et cellule photovoltaïque

63

☐ OK

I L'effet photoélectrique

- Quand un métal est exposé à la lumière (flux de photons), si des photons sont absorbés, des électrons peuvent être éjectés du métal et participer à un courant électrique : c'est l'**effet photoélectrique**.
- Pour que l'effet photoélectrique ait lieu, il faut que le photon incident ait une énergie **égale ou supérieure** à l'énergie minimale nécessaire pour extraire un électron d'un atome du métal.
- Cette énergie minimale nécessaire pour extraire un électron d'un atome est appelée **travail d'extraction** (noté W_0), sa valeur dépend du métal considéré.
- On appelle **fréquence seuil** la fréquence du photon pour laquelle son énergie est égale au travail d'extraction :

$W_0 = \text{h} \times \nu_0$	W_0 énergie en joules (J) ; ν_0 en hertz (Hz) ; h constante de Planck : $\text{h} = 6{,}63 \times 10^{-34}$ J · s.

- Si l'énergie fournie par le photon est supérieure à W_0, l'excédent se retrouve sous forme d'**énergie cinétique** pour l'électron : $E_{c,max} = \text{h} \times \nu - W_0$ avec $E_{c,max}$ en J.

II Étude d'une cellule photovoltaïque

- Les cellules photovoltaïques sont constituées d'un **métal semi-conducteur** qui libère des électrons lorsqu'il reçoit de l'énergie lumineuse en quantité suffisante. Ces électrons produisent un courant électrique. Sous un éclairement donné, une cellule photovoltaïque est caractérisée par une courbe puissance-tension.
- La **puissance électrique produite** par une cellule photovoltaïque éclairée est :

$P = U_c \times I_c$ avec P en watts (W), U en volts (V) et I en ampères (A).

- La **puissance lumineuse reçue** par une cellule photovoltaïque $P_{reçue}$ dépend de l'éclairement E et de la surface S de la cellule :

$P_{reçue} = E \times S$ avec $P_{reçue}$ en W, E en W · m^{-2} et S en m^2.

- Le **rendement** η d'une cellule photovoltaïque s'écrit :

$$\eta = \frac{\text{Puissance électrique maximale produite}}{\text{Puissance lumineuse reçue}} = \frac{P_m}{E \times S} = \frac{U_{c,m} \times I_{c,m}}{E \times S}$$

Méthode

Calculer l'énergie cinétique d'un électron

Un métal exposé à une lumière monochromatique de longueur d'onde 600 nm émet des électrons. L'énergie d'extraction d'un électron de ce métal est $W_0 = 3{,}00 \times 10^{-19}$ J.

a. Exprimer la vitesse maximale de l'électron en fonction de la longueur d'onde de la radiation.

b. Calculer la vitesse maximale d'un électron libéré par la radiation lumineuse.

Données :
- constante de Planck : $h = 6{,}63 \times 10^{-34}$ J · s ;
- masse de l'électron : $m_e = 9{,}12 \times 10^{-31}$ kg ;
- célérité des ondes lumineuses dans l'air et le vide : $c = 3{,}00 \times 10^8$ m · s^{-1}.

Conseils

a. Utilisez la formule de l'énergie cinétique d'un corps de masse *m* et l'expression de l'énergie fournie par un photon pour en déduire l'expression de la vitesse en fonction des autres variables.

b. Pensez à prendre la racine carrée pour obtenir la valeur de la vitesse et non son carré.

SOLUTION

a. On sait que $E_{\text{photon}} = h \times \nu = \dfrac{h \times c}{\lambda}$ et que $E_{c,\max} = \dfrac{1}{2} \times m_{\text{électron}} \times v^2$,

donc : $\dfrac{h \times c}{\lambda} = W_0 + \dfrac{1}{2} \times m_{\text{électron}} \times v^2$.

$$v = \sqrt{\frac{2\left(\dfrac{h \times c}{\lambda} - W_0\right)}{m_{\text{électron}}}}.$$

b. On calcule la vitesse maximale de l'électron libéré par la radiation de longueur d'onde λ égale à 600 nm :

$$v = \sqrt{\frac{2\left(\dfrac{h \times c}{\lambda} - W_0\right)}{m_{\text{électron}}}} = \sqrt{\frac{2\left(\dfrac{6{,}63 \times 10^{-34} \times 3{,}00 \times 10^{8}}{600 \times 10^{-9}} - 3{,}00 \times 10^{-19}\right)}{9{,}12 \times 10^{-31}}}$$

$v = 2{,}63 \times 10^5$ m · s^{-1}.

Quiz EXPRESS

65

Avez-vous bien révisé les fiches 63 à 64 ? On vérifie !

1 La lunette astronomique

▶ FICHE 63

1. Une lunette astronomique est formée de :

☐ **a.** une lentille convergente, on peut aussi l'appeler loupe.

☐ **b.** une lentille convergente et une lentille divergente, on peut aussi l'appeler lunette de Galilée.

☐ **c.** deux lentilles convergentes, on peut aussi l'appeler lunette de Kepler.

2. Le grossissement a pour expression :

☐ **a.** $G = \frac{\theta'}{\theta}$ ☐ **b.** $G = \frac{\theta}{\theta'}$ ☐ **c.** $G = \frac{f_1'}{f_2'}$

2 Effet photoélectrique et cellule photovoltaïque

▶ FICHE 64

1. L'effet photoélectrique est :

☐ **a.** la libération de photons.

☐ **b.** la libération d'électrons.

☐ **c.** la transformation de photons en électrons.

2. L'effet photoélectrique dépend :

☐ **a.** de l'énergie reçue par le métal.

☐ **b.** de la fréquence de la radiation lumineuse.

☐ **c.** de la vitesse de la radiation lumineuse.

3. La longueur d'onde seuil est la longueur d'onde qui correspond à une énergie du flux de photons égale au travail d'extraction. Elle correspond à la longueur d'onde :

☐ **a.** minimale que doit avoir le flux de photons pour libérer un ou plusieurs électrons par effet photoélectrique.

☐ **b.** maximale que doit avoir le flux de photons pour libérer un ou plusieurs électrons par effet photoélectrique.

4. Le rendement d'une cellule photovoltaïque est :

☐ **a.** $\eta = \frac{\text{Puissance lumineuse reçue}}{\text{Puissance électrique maximale produite}}$

☐ **b.** $\eta = \frac{\text{Puissance électrique produite}}{\text{Puissance lumineuse maximale reçue}}$

CORRIGÉS

1 La lunette astronomique

1. Réponse c. Une lunette astronomique est formée de deux lentilles convergentes, on peut aussi l'appeler lunette de Kepler.

2. Réponses a et c. Le grossissement a pour expression : $G = \frac{\theta'}{\theta} = \frac{f_1'}{f_2'}$.

2 Effet photoélectrique et cellule photovoltaïque

1. Réponse b. L'effet photoélectrique est la libération d'un ou plusieurs électron(s).

2. Réponses a et b. L'effet photoélectrique dépend de l'énergie reçue par le métal : si l'énergie du flux de photon incident est inférieure au travail d'extraction du métal, l'effet photoélectrique ne peut avoir lieu. Si l'énergie du flux de photon est supérieure au travail d'extraction du métal, l'effet photoélectrique peut avoir lieu et la différence d'énergie se retrouve sous forme d'énergie cinétique du ou des électron(s) libéré(s).

À savoir

L'énergie du photon est proportionnelle à la fréquence de la radiation lumineuse.

3. Réponse b. L'énergie d'une radiation est inversement proportionnelle à sa longueur d'onde, donc l'énergie minimale correspond à la longueur d'onde maximale. La longueur d'onde de seuil est la longueur d'onde maximale que doit avoir le flux de photon pour que l'effet photovoltaïque puisse avoir lieu.

4. Réponse b. Le rendement d'une cellule photovoltaïque est :

$$\eta = \frac{\text{Puissance électrique maximale produite}}{\text{Puissance lumineuse reçue}}.$$

Le condensateur

66

☐ OK

I Modèle du condensateur

- Un conducteur 1, portant un excès d'électrons, est approché d'un conducteur 2 relié à la terre. Par interaction électrostatique (voir programme de Première), les charges négatives du conducteur 1 repoussent des électrons du conducteur 2 vers la terre ; des charges positives apparaissent alors sur la surface du conducteur 2 en regard du conducteur 1. Ce phénomène d'accumulation de charges, appelé condensation de l'électricité ou **comportement capacitif**, est d'autant plus important que les deux conducteurs sont proches.

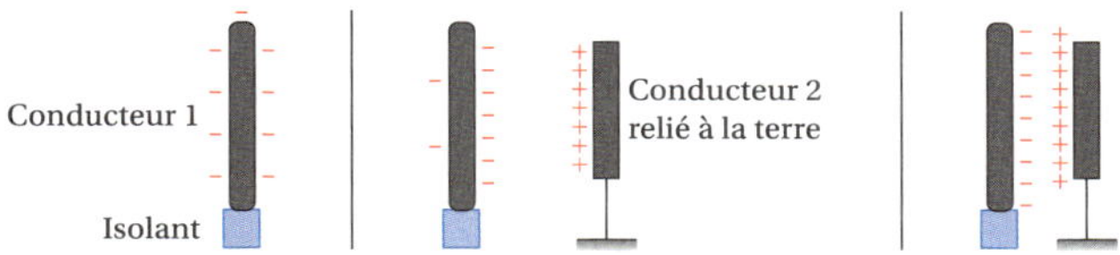

- Le système précédent est modélisé par un dipôle électrique appelé **condensateur**. Les faces métalliques A et B en regard sont appelées armatures du condensateur.

Symbole du condensateur

- Les charges électriques q_A et q_B portées par les armatures A et B sont de signes opposés : $q_A + q_B = 0$.

À noter

On appelle charge du condensateur la valeur absolue $|q_A| = |q_B|$.

II Intensité électrique

L'intensité électrique i traversant un dipôle est le **débit de charge électrique**, c'est-à-dire la charge traversant une section du dipôle par unité de temps. L'intensité i du courant (orienté vers l'armature A d'un condensateur) est la dérivée de la charge q_A par rapport à t :

$$i = \frac{\mathrm{d}q_A}{\mathrm{d}t}$$

q_A en coulombs (C) ;
t en secondes (s) ;
i en ampères (A).

Méthode

Déterminer l'intensité traversant un condensateur

Les courbes I, II et III représentent, dans trois cas, l'évolution temporelle de la charge électrique q_A portée par l'armature A d'un condensateur.

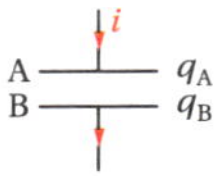

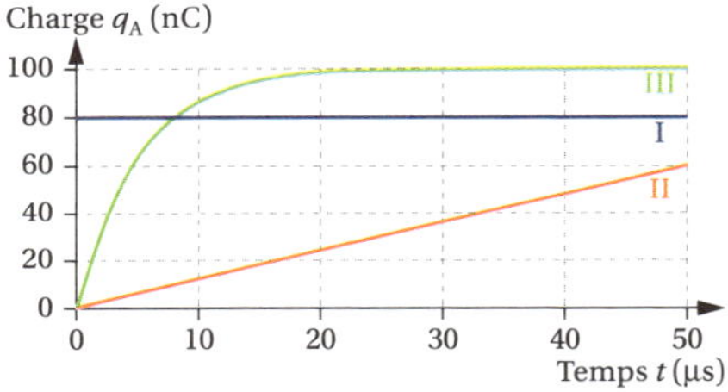

Pour chaque cas, indiquer si l'intensité est : constante ; croissante ; décroissante. Si elle est constante et non nulle, déterminer sa valeur.

Conseils

Pensez à faire le lien entre la dérivée en un point et le coefficient directeur de la tangente à la courbe.

SOLUTION

L'intensité arrivant en A s'exprime par la dérivée : $i = \dfrac{\mathrm{d}q_A}{\mathrm{d}t}$.

- **Cas I.** La charge reste constante ($q_A = 80$ nC) donc $i = 0$.
- **Cas II.** La représentation graphique de $q_A(t)$ est un segment de droite. Sa dérivée est une constante égale au coefficient directeur :

$i = \dfrac{\Delta q_A}{\Delta t} = \dfrac{60 \times 10^{-9}}{50 \times 10^{-6}}$ donc $i = 1{,}2 \times 10^{-3}$ A $= 1{,}2$ mA.

Le régime est continu.

- **Cas III.** La dérivée $i = \dfrac{\mathrm{d}q_A}{\mathrm{d}t}$ est le coefficient directeur de la tangente à la courbe $q_A(t)$ à la date considérée. En traçant plusieurs tangentes, on constate que i (positive) décroît jusqu'à une valeur nulle (tangente horizontale). Le régime est variable.

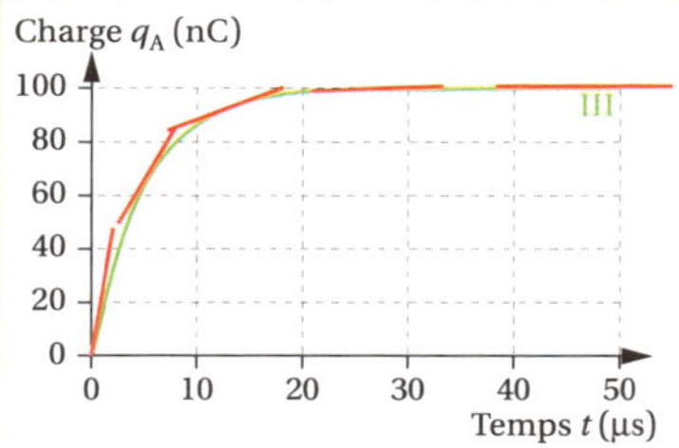

Capacité d'un condensateur

67

□ OK

I Définition et caractéristiques de la capacité

- La charge d'un condensateur est proportionnelle à la tension entre ses armatures. Le coefficient de proportionnalité est la capacité C du condensateur, grandeur positive exprimée en farads (F).

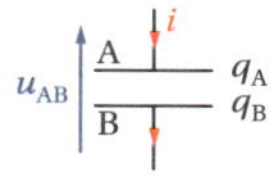

$q_A = Cu_{AB}$	C en farads (F) ; u_{AB} en volts (V) ; q_A en coulombs (C).

- La capacité d'un condensateur dépend de sa géométrie. Elle est fonction croissante de la surface des armatures et fonction décroissante de la distance entre les armatures.

- Dans le cas d'un condensateur plan, constitué de deux feuilles métalliques séparées par un matériau isolant, la capacité est proportionnelle à la surface S d'une armature et inversement proportionnelle à la distance e séparant les deux armatures :

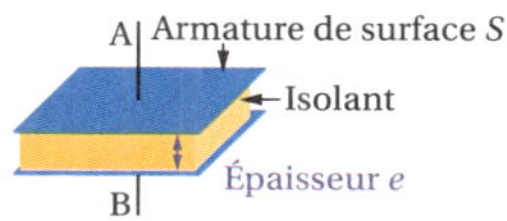

$C = \varepsilon \dfrac{S}{e}$	C en F ; ε en $F \cdot m^{-1}$; S en m^2 ; e en m.

ε est la permittivité diélectrique de l'isolant ; elle dépend de la nature du matériau.

Exemple : la permittivité diélectrique de l'air est $\varepsilon = 8{,}9 \times 10^{-12}\ F \cdot m^{-1}$.

II Capteurs capacitifs

- Le principe d'un capteur capacitif repose sur le fait qu'une grandeur physique (pression, accélération…) engendre une variation de la distance séparant les armatures A et B d'un condensateur et donc une variation de sa capacité.

- Moyennant un étalonnage préalable, la mesure de la capacité permet une détermination indirecte de la grandeur physique recherchée.

Exemple : capteur de pression.

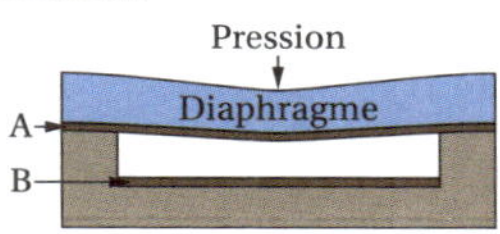

Méthode

Déterminer les caractéristiques d'un condensateur

Le condensateur représenté ci-après est constitué d'un enroulement de deux feuilles métalliques et de deux feuilles d'isolant d'épaisseur 57 µm. Ce condensateur a la forme d'un cylindre de 24 mm de diamètre et 50 mm de long. Il est assimilable à un condensateur plan constitué de deux armatures planes de surface *S* et séparées par une feuille d'isolant d'épaisseur *e*. (Une seconde feuille d'isolant évite que les deux armatures soient en contact). Sa capacité s'exprime par la relation : $C = \varepsilon \frac{S}{e}$ avec $\varepsilon = 3{,}8 \times 10^{-11}\ \text{F} \cdot \text{m}^{-1}$.

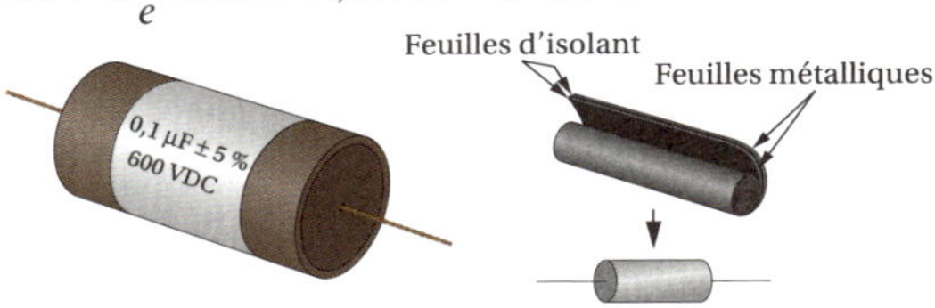

L'indication ± 5 % est la tolérance ; l'incertitude relative associée vaut $\frac{\pm 5}{\sqrt{3}}$ %.

DC inscrit à côté de 600 V signifie *direct current* (courant continu).

a. Déterminer la valeur de la charge électrique maximale du condensateur.

b. Évaluer la longueur de chaque feuille.

Conseils

a. Utilisez les informations inscrites sur le condensateur.

b. Déterminez la surface d'une armature.

SOLUTION

a. La capacité vaut $C = 0{,}1\ \mu\text{F}$ avec une tolérance de ± 5 % et la tension d'utilisation est $u_{AB} = 600\ \text{V}$. La charge maximale du condensateur est : $q_A = Cu_{AB} = 0{,}1 \times 10^{-6} \times 600\ \text{V} = 6 \times 10^{-3}\ \text{C}$ ou 6 mC.

Cette charge, proportionnelle à *C*, est exprimée comme *C* à $\pm \frac{5}{\sqrt{3}}$ % près donc : $q_A = 6{,}0 \pm 0{,}2\ \text{mC}$.

b. $C = \varepsilon \frac{S}{e}$ conduit à $S = \frac{Ce}{\varepsilon}$ avec : $C = 0{,}1 \times 10^{-6}\ \text{F}$; $e = 5{,}7 \times 10^{-5}\ \text{m}$ et $\varepsilon = 3{,}8 \times 10^{-11}\ \text{F} \cdot \text{m}^{-1}$ donc $S = \frac{0{,}1 \times 10^{-6} \times 5{,}7 \times 10^{-5}}{3{,}8 \times 10^{-11}} = 0{,}15\ \text{m}^2$.

Chaque feuille est rectangulaire et sa largeur est la longueur du cylindre, soit $L_{cy} = 50\ \text{mm}$, donc une feuille a pour longueur $L = \frac{S}{L_{cyl}} = \frac{0{,}15}{0{,}05} = 3{,}0\ \text{m}$. On comprend aisément l'intérêt d'enrouler les feuilles pour réduire l'encombrement du condensateur.

Dipôle *RC* : charge d'un condensateur

68

☐ OK

I Modélisation de la charge d'un condensateur

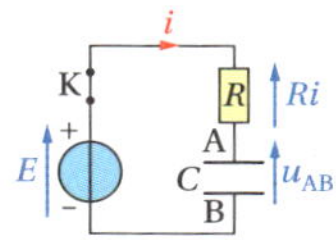

- L'association en série d'un conducteur ohmique de résistance R et d'un condensateur de capacité C constitue un dipôle *RC*.
- À $t = 0$, on ferme l'interrupteur K afin de connecter le dipôle *RC* à une source idéale de tension E. La tension u_{AB} croît alors jusqu'à la valeur E. On dit que le condensateur se charge et on parle d'un **régime transitoire**.
- Le régime est **stationnaire** lorsque la charge du condensateur n'évolue plus.
- Pour $t > 0$, la loi des mailles et la loi d'Ohm permettent d'écrire : $Ri + u_{AB} = E$. Par ailleurs, en combinant $i = \frac{dq_A}{dt}$ ▶ FICHE 66 et $q_A = Cu_{AB}$ ▶ FICHE 67, on obtient, sachant que C est une constante : $i = C\frac{du_{AB}}{dt}$. En reportant dans $Ri + u_{AB} = E$, on obtient l'équation différentielle du 1er ordre : $RC\frac{du_{AB}}{dt} + u_{AB} = E$.
- L'équation différentielle a pour solution :

$u_{AB}(t) = E\left(1 - e^{-\frac{t}{\tau}}\right)$ avec : $\tau = RC$

R en Ω ; C en F ; τ en s.

Au bout du temps caractéristique τ, appelé **constante de temps** du dipôle *RC*, le condensateur est chargé à 63 % : $u_{AB}(\tau) = E\left(1 - e^{-1}\right) = 0{,}63E$.

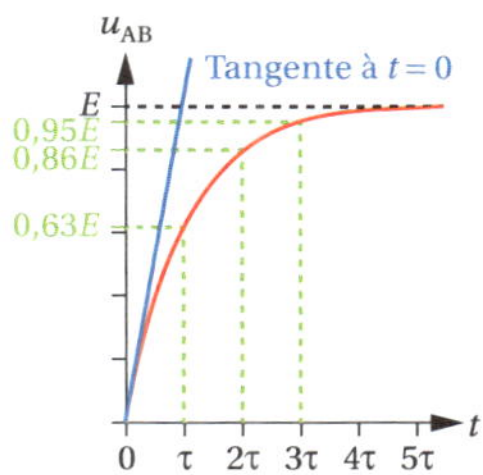

II Courant de charge

La relation $i = C\frac{du_{AB}}{dt}$ avec

$u_{AB}(t) = E\left(1 - e^{-\frac{t}{\tau}}\right)$ donne :

$i(t) = \frac{CE}{\tau}e^{-\frac{t}{\tau}} = \frac{E}{R}e^{-\frac{t}{\tau}}$.

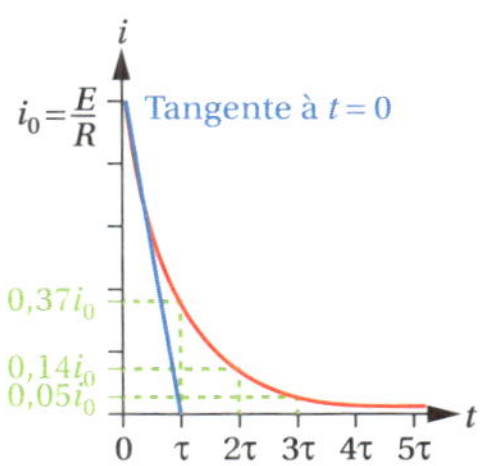

Le courant de charge du condensateur décroît exponentiellement.

Méthode

Exploiter une courbe de charge d'un condensateur

On réalise le montage suivant, puis à la date $t = 0$, on ferme l'interrupteur K en déclenchant simultanément un chronomètre.

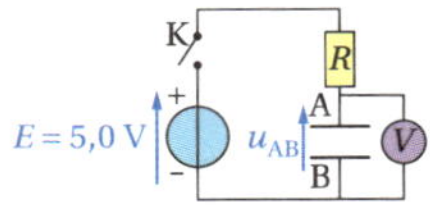

On relève la valeur de la tension u_{AB} à différentes dates :

t (s)	0	5	10	20	30	40	50	60	70
U_{AB} **(V)**	0	1,0	1,8	3,0	3,7	4,2	4,5	4,7	4,8

En déduire la valeur de la capacité C du condensateur sachant que $R = 1{,}0 \times 10^4\ \Omega$.

Conseils

Tracez la courbe représentative de $u_{AB} = f(t)$ et la droite d'équation $u_{AB} = E$. Pour déterminer graphiquement la valeur de la constante de temps τ du dipôle *RC*, il y a deux méthodes.

- **Méthode 1.** Tracez la tangente à l'origine qui coupe la droite d'équation $u_{AB} = E$ au point d'abscisse τ.
- **Méthode 2.** Repérez le point d'ordonnée $u_{AB} = 0{,}63E$: il a pour abscisse τ.

Enfin, calculez *C* en utilisant l'expression de τ.

SOLUTION

Par les deux méthodes, on obtient $\tau = 22$ s.

L'expression de la constante de temps $\tau = RC$ donne :

$$C = \frac{\tau}{R} = \frac{22}{1{,}0 \times 10^4} = 2{,}2 \times 10^{-3}\ \text{F soit } C = 2{,}2\ \text{mF}.$$

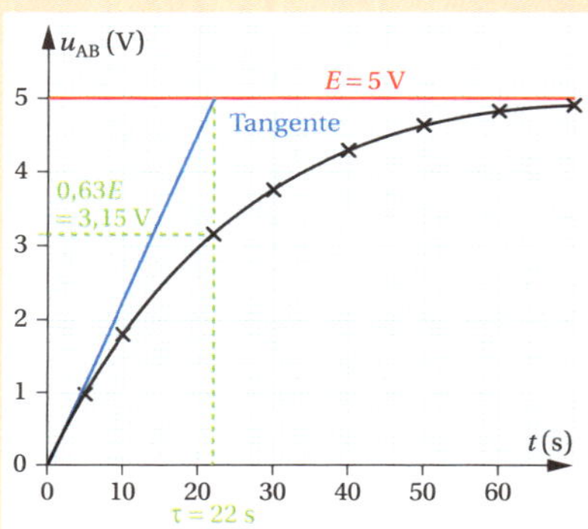

Dipôle *RC* : décharge d'un condensateur

69

☐ OK

I Modélisation de la décharge d'un condensateur

- À $t = 0$, les bornes d'un condensateur préalablement chargé ($u_{AB}(0) = E > 0$) sont reliées par l'intermédiaire d'un conducteur ohmique de résistance R. La tension u_{AB} décroît de E jusqu'à 0. Le condensateur se décharge.

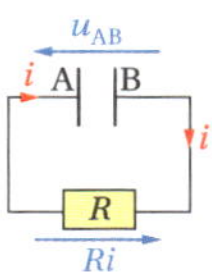

- Pour $t > 0$, la loi des mailles et la loi d'Ohm permettent d'écrire : $Ri + u_{AB} = 0$.

À noter

Le courant et les tensions sont orientés de la même manière que pour l'étude de la charge du condensateur ▶ FICHE 68.

En combinant avec la relation $i = C\dfrac{du_{AB}}{dt}$ ▶ FICHE 68 on obtient l'équation différentielle du premier ordre qui régit l'évolution de la tension aux bornes du condensateur au cours de sa décharge : $RC\dfrac{du_{AB}}{dt} + u_{AB} = 0$ ou bien $\dfrac{du_{AB}}{dt} + \dfrac{u_{AB}}{\tau} = 0$.

- L'équation différentielle admet pour solution : $u_{AB}(t) = Ee^{-\frac{t}{\tau}}$. Il s'agit d'une loi exponentielle décroissante analogue à la loi de décroissance radioactive ▶ FICHE 18. Au bout du temps caractéristique τ : $u_{AB}(\tau) = Ee^{-1} = 0{,}37E$, c'est-à-dire que la charge du condensateur a chuté de 63 %.

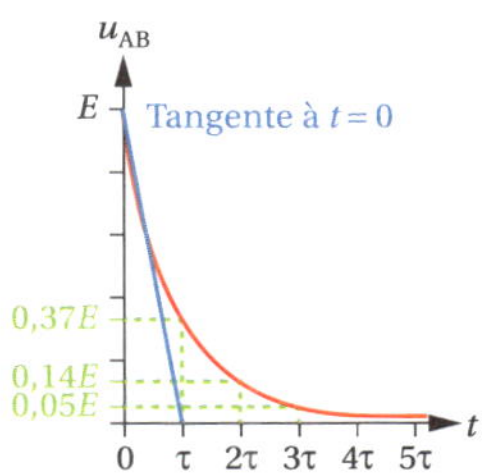

II Courant de décharge

- La relation $Ri + u_{AB} = 0$ conduit à l'expression de l'intensité du courant de décharge : $i = -\dfrac{u_{AB}}{R}$ donc : $i(t) = -\dfrac{E}{R}e^{-\frac{t}{\tau}}$.

En valeur absolue, l'intensité du courant de décharge décroît exponentiellement.

On a $i < 0$ car le sens réel du courant de décharge est l'opposé de celui du courant de charge.

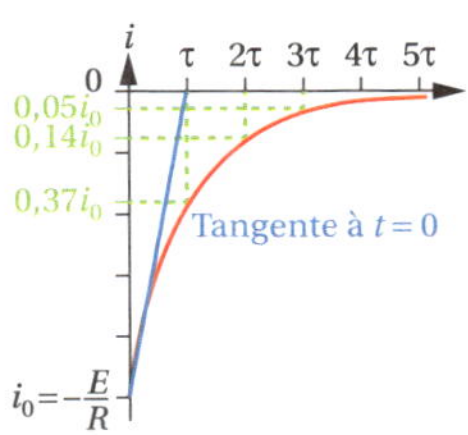

Méthode

Exploiter une courbe de décharge d'un condensateur

Un condensateur de capacité C, initialement chargé, est relié à un dipôle ohmique de résistance $R = 100\ \text{k}\Omega$. L'évolution de la charge q_A au cours de la décharge du condensateur est fournie :

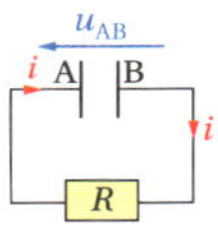

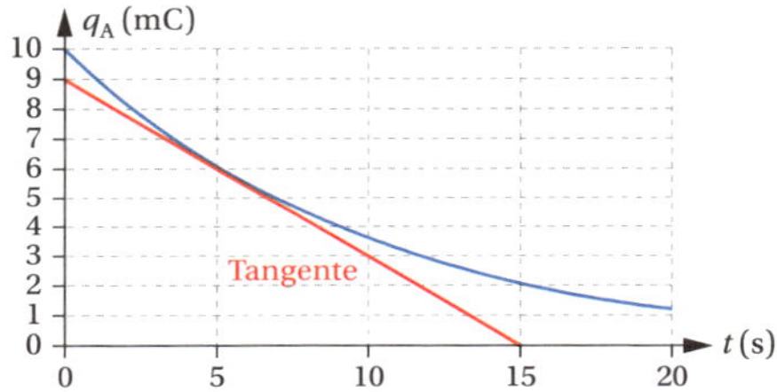

a. Déterminer graphiquement la valeur de l'intensité i à $t = 5$ s.

b. Déterminer la valeur de la charge q_A et de la tension u_{AB} à $t = 5$ s.

c. En déduire la valeur de la capacité C.

Conseils

a. Faites le lien entre la définition de i et la tangente tracée sur le graphique.

b. Pensez à la loi des mailles et la loi d'Ohm pour déterminer la valeur de u_{AB}.

c. Utilisez la relation entre q_A et u_{AB}.

SOLUTION

a. L'intensité du courant s'exprime par une dérivée : $i = \dfrac{dq_A}{dt}$. Graphiquement, cette dérivée est le coefficient directeur de la tangente à la courbe $q_A(t)$. La tangente à la courbe au point d'abscisse $t = 5$ s passe par les points (5 s ; 6 mC) et (15 s ; 0), donc l'intensité à cette date est : $i = \dfrac{6 \times 10^{-3} - 0}{5 - 15} = -6 \times 10^{-4}$ A soit –0,6 mA.

À noter

$i < 0$; le courant de décharge est de sens opposé au sens choisi.

b. À $t = 5$ s, la charge de l'armature A vaut $q_A = 6 \times 10^{-3}$ C. La loi des mailles et la loi d'Ohm permettent d'écrire : $Ri + u_{AB} = 0$ donc $u_{AB} = -Ri$ soit : $u_{AB} = -10^5 \times \left(-6 \times 10^{-4}\right) = 60$ V.

c. La capacité vaut donc : $C = \dfrac{q_A}{u_{AB}} = \dfrac{6 \times 10^{-3}}{60} = 10^{-4}$ F ou 100 µF.

Quiz EXPRESS

Avez-vous bien révisé les fiches 66 à 69 ? On vérifie !

1 Condensateur

▶ FICHES 66 ET 67

Parmi les affirmations suivantes, lesquelles sont vraies ?

☐ **a.** Les deux armatures d'un condensateur portent exactement la même charge électrique.

☐ **b.** L'intensité i du courant sortant de l'armature B est : $i = \frac{dq_B}{dt}$.

☐ **c.** La capacité d'un condensateur est un cœfficient de proportionnalité.

2 Dipôle *RC* : charge d'un condensateur

▶ FICHE 68

Initialement le condensateur est déchargé. À $t = 0$, on ferme l'interrupteur K.

Parmi les affirmations suivantes, lesquelles sont vraies ?

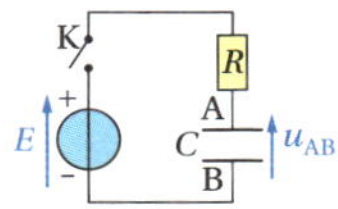

☐ **a.** La tension u_{AB} croît jusqu'à la valeur E.

☐ **b.** La charge q_A croît jusqu'à la valeur CE.

☐ **c.** Si on multiplie E par 2, la durée de charge du condensateur est doublée.

3 Dipôle *RC* : décharge d'un condensateur

▶ FICHE 69

Un condensateur de capacité C est chargé ; la tension initiale entre ses bornes est $u_{AB}(0) > 0$.

À $t = 0$, on provoque sa décharge en le connectant sur un conducteur ohmique de résistance R.

Parmi les affirmations suivantes, lesquelles sont vraies ?

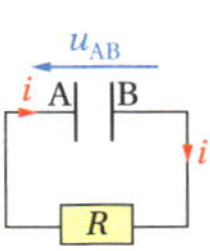

☐ **a.** La charge initiale $q_A(0)$ portée par l'armature A est positive.

☐ **b.** L'intensité i du courant de décharge garde une valeur constante.

☐ **c.** À $t = \tau = RC$, la tension aux bornes du condensateur est $u_{AB}(\tau) = 0{,}63\ u_{AB}(0)$.

CORRIGÉS

1 Condensateur

Réponse c. L'affirmation **a** est fausse car les deux armatures d'un condensateur portent la même charge électrique en valeur absolue, mais l'une porte une charge positive tandis que la deuxième porte une charge négative.

L'affirmation **b** est fausse. L'intensité i qui sort de B est identique à l'intensité qui entre en A donc $i = \frac{dq_A}{dt}$ or $q_A = -q_B$ donc $i = \frac{-dq_B}{dt}$.

L'affirmation **c** est vraie puisque $q_A = Cu_{AB}$.

2 Dipôle *RC* : charge d'un condensateur

Réponses a et b. L'affirmation **a** est vraie. Le condensateur se charge jusqu'à ce que la tension entre ses bornes atteigne la valeur E délivrée par le générateur de tension idéale.

L'affirmation **b** est vraie. La charge q_A croît jusqu'à la valeur CE car $q_A = Cu_{AB}$ et la tension u_{AB} prend la valeur E à la fin de la charge du condensateur.

L'affirmation **c** est fausse car le temps caractéristique $\tau = RC$ est indépendant de la valeur de E, donc le temps de charge est toujours le même pour un dipôle *RC* donné quelle que soit la valeur de la tension de charge.

3 Dipôle *RC* : décharge d'un condensateur

Réponse a. L'affirmation **a** est vraie car $u_{AB}(0) > 0$ et $q_A = Cu_{AB}$ donc $q_A\,(0) > 0$.

L'affirmation **b** est fausse car lorsqu'un condensateur se décharge dans une résistance, la valeur absolue de l'intensité du courant décroît exponentiellement.

L'affirmation **c** est fausse car lorsque le condensateur est déchargé à 63 %, la tension n'est plus qu'à 37 % de sa valeur initiale : $u_{AB}(\tau) = 0{,}37\ u_{AB}(0)$.

Achevé d'imprimer en Espagne par Grafo à Basauri
Dépôt légal: n° 06431-7/01 - Octobre 2020